Trusting Your Instincts: Making the Best Choices

अपनी प्रवृत्ति पर भरोसा करना: सर्वोत्तम निर्णय लेना

Vishnu Vardhan

Copyright © [2023]

Title: Trusting Your Instincts: Making the Best Choices
Author's: Vishnu Vardhan

All rights reserved. No part of this publication may be reproduced, stored in a retrieval system, or transmitted in any form or by any means, electronic, mechanical, photocopying, recording, or otherwise, without the prior written permission of the publisher or author, except in the case of brief quotations embodied in critical reviews and certain other non-commercial uses permitted by copyright law.

This book was printed and published by [Publisher's: **Vishnu Vardhan**] in [2023]

ISBN:

TABLE OF CONTENT

Chapter 1: The Power of Intuition   09

Introduction to the concept of intuition and its role in decision-making.

Exploring the scientific basis for intuition and its link to our subconscious mind.

Differentiating intuition from gut feelings, emotions, and biases.

Sharing real-life examples of how trusting intuition can lead to positive outcomes.

Chapter 2: Recognizing Your Inner Voice   24

Identifying the different ways intuition communicates with us (gut feelings, physical sensations, synchronicities, dreams, etc.).

Exercises and techniques for developing awareness of your intuition.

Overcoming common challenges to recognizing and trusting your intuition (self-doubt, fear of judgment, rationalization).

Building a practice for regularly connecting with your inner wisdom.

Chapter 3: Unleashing Your Intuitive Power   39

- Strategies for harnessing your intuition in various life situations (career, relationships, finances, health).
- Practical tools and techniques for making intuitive decisions (meditation, journaling, visualization, body scans, etc.).
- Exploring different decision-making frameworks that incorporate intuition (pros and cons, values-based decision making, etc.).
- Overcoming mental blocks and limiting beliefs that hinder your intuitive abilities.

Chapter 4: Integrating Intuition with Logic   51

- Highlighting the importance of balancing intuition with logic and reason.
- Identifying situations where each is more appropriate or effective.
- Developing critical thinking skills to evaluate intuitive insights objectively.
- Integrating intuition with evidence-based information and data analytics.
- Avoiding common pitfalls of relying solely on intuition or ignoring it altogether.

Chapter 5: Cultivating Trust and Confidence 66

Building self-belief and confidence in your intuitive abilities.

Overcoming fear of failure and negative self-talk.

Celebrating your successes and learning from your mistakes.

Developing a supportive environment that encourages you to trust your intuition.

Sharing inspiring stories of individuals who have successfully harnessed their intuition.

TABLE OF CONTENT

अध्याय 1: अंतर्ज्ञान की शक्ति   09

- अंतर्ज्ञान की अवधारणा और निर्णय लेने में इसकी भूमिका का परिचय।
- अंतर्ज्ञान के वैज्ञानिक आधार और हमारे अवचेतन मन से इसके संबंध का अन्वेषण।
- अंतर्ज्ञान को आंतरिक भावनाओं, भावनाओं और पूर्वाग्रहों से अलग करना।
- वास्तविक जीवन के उदाहरणों को साझा करना कि कैसे अंतर्ज्ञान पर भरोसा करने से सकारात्मक परिणाम मिल सकते हैं।

अध्याय 2: अपनी आंतरिक आवाज को पहचानना   24

- अंतर्ज्ञान हमारे साथ संवाद करने के विभिन्न तरीकों की पहचान करना (आंतरिक भावनाएं, शारीरिक संवेदनाएं, समकालिकता, सपने, आदि)।
- अपने अंतर्ज्ञान के बारे में जागरूकता बढ़ाने के लिए व्यायाम और तकनीक।
- अंतर्ज्ञान को पहचानने और उस पर भरोसा करने की सामान्य चुनौतियों को दूर करना (आत्म-संदेह, निर्णय का डर, तर्कसंगतता)।
- अपने आंतरिक ज्ञान के साथ नियमित रूप से जुड़ने का अभ्यास बनाना।

अध्याय 3: अपनी सहज शक्ति को उजागर करना   39

विभिन्न जीवन स्थितियों (कैरियर, रिश्ते, वित्त, स्वास्थ्य) में अपने अंतर्ज्ञान का उपयोग करने के लिए रणनीतियाँ।

सहज निर्णय लेने के लिए व्यावहारिक उपकरण और तकनीक (ध्यान, जर्नलिंग, विजुअलाइज़ेशन, बॉडी स्कैन इत्यादि)।

विभिन्न निर्णय लेने के ढांचे की खोज करना जिसमें अंतर्ज्ञान शामिल है (लाभ और हानि, मूल्यों-आधारित निर्णय लेना, आदि)।

मानसिक अवरोधों और सीमित विश्वासों को दूर करना जो आपकी सहज क्षमताओं में बाधा डालते हैं।

अध्याय 4: तर्क के साथ अंतर्ज्ञान को एकीकृत करना   51

अंतर्ज्ञान को तर्क और कारण के साथ संतुलित करने के महत्व को उजागर करना।

उन स्थितियों की पहचान करना जहां प्रत्येक अधिक उपयुक्त या प्रभावी है।

अंतर्ज्ञान पर भरोसा करने के लिए महत्वपूर्ण सोच कौशल विकसित करना।

प्रमाण-आधारित जानकारी और डेटा एनालिटिक्स के साथ अंतर्ज्ञान को एकीकृत करना।

केवल अंतर्ज्ञान पर भरोसा करने या इसे पूरी तरह से अनदेखा करने के सामान्य नुकसानों से बचना।

अध्याय 5: विश्वास और आत्मविश्वास का निर्माण 66

- अपनी सहज क्षमताओं में आत्म-66विश्वास और विश्वास का निर्माण।
- असफलता के डर और नकारात्मक आत्म-चर्चा पर काबू पाना।
- अपनी सफलताओं का जश्न मनाना और अपनी गलतियों से सीखना।
- एक सहायक वातावरण विकसित करना जो आपको अंतर्ज्ञान पर भरोसा करने के लिए प्रोत्साहित करता है।
- उन व्यक्तियों की प्रेरणादायक कहानियां साझा करना, जिन्होंने अपने अंतर्ज्ञान का सफलतापूर्वक उपयोग किया है।

Chapter 1: The Power of Intuition

Chapter 1: अंतर्ज्ञान की शक्ति

अंतर्ज्ञान का परिचय और निर्णय-प्रक्रिया में इसकी भूमिका

हम सभी ने कभी न कभी अंतर्ज्ञान की शक्ति का अनुभव किया है। वह क्षण जब आप "बस जानते हैं" कि कुछ सही या गलत है, भले ही आपके पास इस बात का कोई तार्किक स्पष्टीकरण न हो। अंतर्ज्ञान एक शक्तिशाली उपकरण है जो हमें जीवन के कठिन निर्णयों में मार्गदर्शन कर सकता है और हमें सफलता की ओर ले जा सकता है।

अंतर्ज्ञान को परिभाषित करना कठिन है क्योंकि यह एक अमूर्त अवधारणा है। इसे अक्सर "आंतरिक ज्ञान" या "चौथी इंद्रिय" के रूप में वर्णित किया जाता है। यह तर्क और विश्लेषण के विपरीत है, जो हमारे दिमाग के सचेत और सोचने वाले हिस्से द्वारा उपयोग की जाने वाली प्रक्रियाएं हैं। अंतर्ज्ञान इसके बजाय हमारे अवचेतन मन से आता है, जो हमारे अनुभवों, यादों और भावनाओं का एक विशाल भंडार है।

अंतर्ज्ञान कई प्रकार से प्रकट हो सकता है। कुछ लोगों को अचानक आंतरिक भावनाओं का अनुभव होता है, जैसे कि एक मजबूत "हां" या "नहीं" का भाव। अन्य लोगों को सपने या दृष्टि के माध्यम से अंतर्दृष्टि प्राप्त होती है। कुछ को किसी विशिष्ट परिणाम के बारे में बस एक गहरा "जानने" का एहसास होता है।

निर्णय लेने में अंतर्ज्ञान एक महत्वपूर्ण भूमिका निभा सकता है। तर्क और विश्लेषण हमें विकल्पों का वजन करने और उनके संभावित परिणामों पर विचार करने में मदद करते हैं। लेकिन कभी-कभी, सभी जानकारी के साथ भी, हमें अभी भी यह तय करने में मुश्किल हो सकती है कि क्या करना है। यही वह जगह है जहां अंतर्ज्ञान आता है। हमारे अंतर्ज्ञान को

सभी जानकारी तक पहुंच हो सकती है, जिसमें अवचेतन मन में संग्रहीत जानकारी भी शामिल है। यह हमें एक व्यापक परिप्रेक्ष्य दे सकता है और हमें सही दिशा में मार्गदर्शन कर सकता है।

अंतर्ज्ञान का उपयोग करना हमेशा आसान नहीं होता है। कई बार, हम अपने अंतर्ज्ञान की आवाज को अनदेखा कर सकते हैं क्योंकि यह तर्क के साथ मेल नहीं खाता है या हमें भयभीत करता है। इसके अलावा, हमारे अंतर्ज्ञान को हमारे पूर्वाग्रहों और विश्वासों से प्रभावित किया जा सकता है, जिससे गलत निर्णय हो सकते हैं।

हालांकि, अंतर्ज्ञान को मजबूत करना और इसे अपने जीवन में अधिक प्रभावी ढंग से उपयोग करना संभव है। यहां कुछ सुझाव दिए गए हैं:

- अपने अंतर्ज्ञान पर ध्यान दें: अपने शरीर की संवेदनाओं और भावनाओं के बारे में अधिक जागरूक होकर शुरू करें। जब आपको कोई मजबूत भावना हो, तो ध्यान दें और देखें कि क्या यह आपको किसी विशेष दिशा में ले जा रही है।

- शांत समय लें: प्रतिदिन ध्यान या प्रार्थना जैसे शांत गतिविधियों में कुछ समय बिताएं। इससे आप अपने विचारों को शांत करने और अपने अंतर्ज्ञान की आवाज को बेहतर ढंग से सुनने में मदद कर सकते हैं।

- अपने सपनों को याद करें और उन पर ध्यान दें: आपके सपने अंतर्दृष्टि और मार्गदर्शन का एक मूल्यवान स्रोत हो सकते हैं। एक स्वप्न पत्रिका रखने का प्रयास करें और अपने सपनों को समझने के लिए कुछ समय निकालें।

- अपने आप से जुड़ें: अपने अंतर्ज्ञान को सुनने के लिए नियमित रूप से अपने साथ शांत समय बिताएं। प्रकृति में रहें, टहलने जाएं, या बस चुपचाप बैठकर अपने विचारों को एकत्रित करें।

अपने अंतर्ज्ञान पर भरोसा करें: जब आपको कोई अंतर्ज्ञान हो, तो उसे सुनें और उसके अनुसार कार्य करें। भले ही यह तर्कसंगत न लगे, अपने अंतर्ज्ञान पर विश्वास रखें।

अंतर्ज्ञान पर भरोसा करना एक यात्रा है। यह समय, अभ्यास और धैर्य लेता है। लेकिन एक बार जब आप अपनी सहज शक्ति को विकसित कर लेते हैं, तो आप जीवन का सामना अधिक विश्वास और शांति के साथ कर पाएंगे।

अंतर्ज्ञान के कई लाभ हैं, जिनमें शामिल हैं:

बेहतर निर्णय लेना: अंतर्ज्ञान हमें तर्क से परे देखने और सही निर्णय लेने में मदद कर सकता है, भले ही सभी तथ्य उपलब्ध न हों।

रचनात्मकता को बढ़ाना: अंतर्ज्ञान हमें नए विचारों और समाधानों के साथ आने में मदद कर सकता है।

समस्याओं का समाधान: अंतर्ज्ञान हमें जटिल समस्याओं के लिए रचनात्मक और अभिनव समाधान खोजने में मदद कर सकता है।

अंतर्दृष्टि प्राप्त करना: अंतर्ज्ञान हमें लोगों और स्थितियों के बारे में गहरी समझ प्राप्त करने में मदद कर सकता है।

जीवन में अधिक खुशी और शांति प्राप्त करना: अंतर्ज्ञान हमें अपने जीवन का मार्गदर्शन करने के लिए आंतरिक शांति और विश्वास का स्रोत प्रदान कर सकता है।

अंतर्ज्ञान का विज्ञान

हाल के वर्षों में, वैज्ञानिकों ने अंतर्ज्ञान के रहस्यों को उजागर करना शुरू कर दिया है। अध्ययनों से पता चला है कि अंतर्ज्ञान वास्तव में हमारे मस्तिष्क के अवचेतन और चेतन क्षेत्रों के बीच जटिल बातचीत का

परिणाम है। हमारा अवचेतन मन लगातार सूचनाओं को संसाधित करता है, जिसे हमारी चेतन चेतना में दर्ज नहीं किया जाता है। हालाँकि, यह जानकारी हमारे अंतर्ज्ञान को सूचित करती है और हमें उन निर्णयों की ओर ले जाती है जो अक्सर तर्क और कारण से परे सही होते हैं।

यद्यपि अंतर्ज्ञान एक शक्तिशाली उपकरण है, यह ध्यान रखना महत्वपूर्ण है कि यह अचूक नहीं है। कभी-कभी, हमारा अंतर्ज्ञान गलत हो सकता है, जिससे खराब निर्णय हो सकते हैं। इसलिए, यह महत्वपूर्ण है कि हम अपने अंतर्ज्ञान पर भरोसा करते हुए, अपने निर्णयों को सूचित करने के लिए तर्क और कारण का भी उपयोग करें।

अंतर्ज्ञान को कैसे विकसित करें

अंतर्ज्ञान एक कौशल है जिसे विकसित किया जा सकता है। यहां कुछ युक्तियां दी गई हैं:

- अपने अंतर्ज्ञान पर ध्यान दें: अपने शरीर की संवेदनाओं और भावनाओं के बारे में अधिक जागरूक रहने का अभ्यास करें। क्या आपको कोई "gut feeling" या किसी विशेष स्थिति के बारे में एक सहज "जानने" का एहसास है?

अंतर्ज्ञान का विज्ञान: अवचेतन मन का रहस्यमयी संबंध

हालाँकि अंतर्ज्ञान अक्सर एक अदृश्य और अस्पष्ट अवधारणा के रूप में माना जाता है, हाल के वैज्ञानिक अध्ययनों ने इसके पीछे के ठोस न्यूरोलॉजिकल आधार को उजागर करना शुरू कर दिया है। अब हम जानते हैं कि अंतर्ज्ञान हमारे चेतन विचारों और अवचेतन मन के बीच एक जटिल बातचीत का परिणाम है।

अवचेतन मन का शक्तिशाली प्रभाव

हमारा अवचेतन मन एक विशाल सूचना प्रसंस्करण केंद्र है जो लगातार बाहरी और आंतरिक उत्तेजनाओं को दर्ज करता है। यह हमारे जीवन के अनुभवों, विश्वासों, मूल्यों और भावनाओं को भी संग्रहीत करता है। हालांकि यह जानकारी हमारी चेतन चेतना से छिपी रहती है, यह हमारे दैनिक जीवन में एक शक्तिशाली भूमिका निभाती है।

अवचेतन मन लगातार समस्याओं का समाधान करता है, पैटर्न को पहचानता है और भविष्यवाणियां करता है। यह हमारे अंतर्ज्ञान को भी सूचित करता है, जो हमें तर्क और सचेत सोच के बिना निर्णय लेने में मदद करता है।

अंतर्ज्ञान के न्यूरोलॉजिकल आधार

वैज्ञानिकों ने विभिन्न मस्तिष्क क्षेत्रों की पहचान की है जो अंतर्ज्ञान में शामिल हैं। ये क्षेत्र भावनाओं, धारणा और निर्णय लेने से जुड़े हैं।

एमिग्डाला: यह क्षेत्र भावनाओं के लिए जिम्मेदार है और खतरे या अवसर का आकलन करने में शामिल है। जब हम एक निर्णय लेने का सामना करते हैं, तो एमिग्डाला तुरंत स्थिति का मूल्यांकन करता है और हमें एक आंतरिक भावना प्रदान करता है।

- इंसुला: यह क्षेत्र निर्णय लेने और जोखिम मूल्यांकन में शामिल है। यह हमारे शरीर की संवेदनाओं को भी संसाधित करता है, जो हमारे अंतर्ज्ञान को सूचित करने में एक महत्वपूर्ण भूमिका निभा सकती है।

- प्रिफ्रंटल कॉर्टेक्स: यह क्षेत्र तर्क, कारण और नियंत्रण के लिए जिम्मेदार है। यह निर्णय लेने में भी शामिल है और हमारे अवचेतन मन द्वारा प्रदान की गई अंतर्दृष्टि को संसाधित करता है।

अंतर्ज्ञान और चेतन मन के बीच संतुलन

हालांकि अंतर्ज्ञान एक शक्तिशाली उपकरण है, यह ध्यान रखना महत्वपूर्ण है कि यह अचूक नहीं है। क्योंकि हमारा अवचेतन मन पूर्वाग्रहों और गलत धारणाओं से प्रभावित हो सकता है, अंतर्ज्ञान कभी-कभी हमें गलत दिशा में ले जा सकता है।

इसलिए, अंतर्ज्ञान पर भरोसा करने के साथ-साथ अपने निर्णयों को सूचित करने के लिए तर्क और कारण का उपयोग करना भी महत्वपूर्ण है। हमें अपने अंतर्ज्ञान को एक मार्गदर्शक के रूप में देखना चाहिए, न कि एक निर्णायक कारक के रूप में।

अंतर्ज्ञान को विकसित करने के लिए वैज्ञानिक दृष्टिकोण

वैज्ञानिक अनुसंधान के आधार पर, हम अपने अंतर्ज्ञान को विकसित करने के लिए कई कदम उठा सकते हैं:

- अपने अवचेतन मन को पोषित करें: अपने अवचेतन को सकारात्मक विचारों, विश्वासों और मूल्यों से भरें। ऐसा करने के लिए, आप सकारात्मक पुष्टि, ध्यान और आत्म-प्रतिबिंब का अभ्यास कर सकते हैं।

- अपने शरीर के संकेतों पर ध्यान दें: आपका शरीर आपको अंतर्दृष्टि और मार्गदर्शन प्रदान करने का एक शक्तिशाली उपकरण है। अपने शरीर की

संवेदनाओं और भावनाओं के बारे में अधिक जागरूक रहने का अभ्यास करें, खासकर जब आप निर्णय लेने का सामना कर रहे हों।

अपने दिमाग को प्रशिक्षित करें: तर्क और कारण का उपयोग करते हुए निर्णय लेने का अभ्यास करें। इससे आपको अपने अंतर्ज्ञान को तर्कसंगत सोच के साथ संतुलित करने में मदद मिलेगी।

अंतर्ज्ञान की चेतना: अवचेतन की आवाज

अंतर्ज्ञान को अवचेतन मन की आवाज के रूप में माना जा सकता है। यह वह है जो हमें सूचित करता है, हमें सही दिशा में ले जाता है, और हमें अक्सर स्पष्टीकरण के बिना सही निर्णय लेने के लिए प्रेरित करता है।

अंतर्ज्ञान अचानक आंतरिक भावनाओं, सपनों, दृष्टि या उस "gut feeling" के रूप में प्रकट हो सकता है। यह एक अहसास है जो हमें बताता है कि क्या सही है, भले ही हम कारणों को स्पष्ट रूप से समझ न पाएं।

वैज्ञानिक प्रमाण: अंतर्ज्ञान का अस्तित्व

शोधकर्ताओं ने अंतर्ज्ञान के अस्तित्व और उसके प्रभावों को साबित करने के लिए कई अध्ययन किए हैं। उदाहरण के लिए, एक अध्ययन में पाया गया कि लोग एक सेकंड से भी कम समय में किसी व्यक्ति का चेहरा देखकर उनके भरोसेमंद होने का सटीक अनुमान लगा सकते हैं। यह तेज निर्णय तार्किक विश्लेषण से नहीं बल्कि अवचेतन सूचना प्रसंस्करण से आया था।

एक अन्य अध्ययन में, प्रतिभागियों को भावनात्मक रूप से तटस्थ शब्दों की सूची दिखाई गई और उन्हें बताया गया कि उनमें से कुछ शब्दों के साथ एक छोटा बिजली का झटका दिया जाएगा। कुछ ही समय में, प्रतिभागियों ने उन शब्दों को पहचानना शुरू कर दिया, जिनके साथ उन्हें झटका दिया गया था, भले ही वे जानबूझकर ऐसा करने की कोशिश नहीं

कर रहे थे। यह सबूत बताता है कि हमारा अवचेतन मन सूचना को संसाधित करता है और हमें सचेत रूप से जागरूक होने से पहले ही निर्णय लेने के लिए प्रेरित करता है।

अंतर्ज्ञान और निर्णय लेना

जब निर्णय लेने की बात आती है, तो अंतर्ज्ञान एक शक्तिशाली सहयोगी हो सकता है। यह हमें तर्क और कारण से परे देखने और सूचना के एक व्यापक स्पेक्ट्रम को संसाधित करने की अनुमति देता है। यह हमें रचनात्मक समाधान खोजने, संभावित जोखिमों को पहचानने और सही रास्ते पर बने रहने में मदद करता है।

हालांकि, यह ध्यान रखना महत्वपूर्ण है कि अंतर्ज्ञान अचूक नहीं है। कभी-कभी, हमारा अंतर्ज्ञान हमारे अवचेतन पूर्वाग्रहों या गलत सूचनाओं से प्रभावित हो सकता है। इसलिए, यह महत्वपूर्ण है कि हम अपने अंतर्ज्ञान को एक मार्गदर्शक के रूप में उपयोग करें, न कि हमेशा निर्णय लेने के लिए एकमात्र आधार के रूप में।

अंतर्ज्ञान: भावनाओं, पूर्वाग्रहों और gut feeling से अलग

अंतर्ज्ञान एक जटिल और शक्तिशाली शक्ति है, लेकिन इसे अन्य आंतरिक अनुभवों से अलग करना महत्वपूर्ण है। अक्सर, हम अपनी भावनाओं, पूर्वाग्रहों और यहां तक कि साधारण "gut feeling" को अंतर्ज्ञान के रूप में गलत समझते हैं। यह भेदभाव महत्वपूर्ण है क्योंकि सही निर्णय लेने और अपनी सहज ज्ञान को अधिक प्रभावी ढंग से उपयोग करने के लिए आवश्यक है।

अंतर्ज्ञान बनाम भावनाएं

भावनाएं हमारे जीवन का एक महत्वपूर्ण हिस्सा हैं। वे हमें खुशी, उदासी, क्रोध, और कई अन्य भावनाओं का अनुभव करने में सक्षम बनाती हैं। हालांकि, भावनाएं अक्सर तर्कसंगत या उद्देश्यपूर्ण नहीं होती हैं। वे अस्थायी हो सकती हैं और आंतरिक और बाहरी कारकों से आसानी से प्रभावित हो सकती हैं।

दूसरी ओर, अंतर्ज्ञान एक गहरा और अधिक स्थायी ज्ञान है। यह अक्सर शांत और सूक्ष्म होता है, और यह हमें एक आंतरिक संवेदना या "जानने" की भावना के रूप में प्रकट होता है। अंतर्ज्ञान तर्कसंगत विश्लेषण से परे हो सकता है, लेकिन यह अक्सर एक गहरी समझ और अंतर्दृष्टि पर आधारित होता है।

अंतर्ज्ञान बनाम पूर्वाग्रह

हम सभी के अपने पूर्वाग्रह हैं। ये हमारे अनुभवों, विश्वासों और मूल्यों के आधार पर मानसिक शॉर्टकट हैं जो हमें निर्णय लेने में मदद करते हैं। हालांकि, पूर्वाग्रह अक्सर गलत सूचना और सोचने के गलत तरीकों पर आधारित होते हैं। वे हमें सीमित परिप्रेक्ष्य से देखने और संभावित खामियों को अनदेखा करने के लिए प्रेरित कर सकते हैं।

अंतर्ज्ञान, इसके विपरीत, एक व्यापक परिप्रेक्ष्य से जानकारी को संसाधित करता है। यह हमारे अवचेतन मन की गहराई से आता है, जहां सभी अनुभव और जानकारी संग्रहीत होते हैं। यह हमें पूर्वाग्रहों से परे देखने और एक अधिक उद्देश्यपूर्ण दृष्टिकोण विकसित करने में मदद करता है।

अंतर्ज्ञान बनाम gut feeling

"Gut feeling" एक शक्तिशाली अनुभव हो सकता है, लेकिन यह हमेशा अंतर्ज्ञान का संकेत नहीं होता है। Gut feeling अक्सर तत्काल और अस्पष्ट होते हैं, और वे डर, चिंता या उत्साह जैसी भावनाओं से जुड़े हो सकते हैं। जबकि gut feeling कभी-कभी अंतर्ज्ञान का एक रूप हो सकता है, यह महत्वपूर्ण है कि हम अन्य कारकों पर भी विचार करें और तर्कसंगत निर्णय लें।

अंतर्ज्ञान, इसके विपरीत, अक्सर शांत और आत्मविश्वासी होता है। यह एक गहरी "जानने" की भावना है जो हमें सही रास्ते पर ले जाती है। यह हमें विकल्पों को तौलने और तर्कसंगत निर्णय लेने के लिए प्रेरित करता है।

भेदभाव करना: अंतर्ज्ञान की आवाज को सुनना

तो, हम कैसे अंतर्ज्ञान को भावनाओं, पूर्वाग्रहों और gut feeling से अलग कर सकते हैं? यहां कुछ सुझाव दिए गए हैं:

- अपनी भावनाओं को पहचानें और उन पर ध्यान दें। अपनी भावनाओं को समझना महत्वपूर्ण है, लेकिन उन्हें अपने निर्णयों को नियंत्रित न करने दें।
- अपने पूर्वाग्रहों के बारे में जागरूक रहें। हमेशा अपने विश्वासों और अनुभवों को जांचें और सुनिश्चित करें कि आप पूर्वाग्रह से प्रभावित नहीं हैं।

अपने gut feeling पर तुरंत कार्रवाई न करें। समय निकालें, संभावित परिणामों पर विचार करें और एक तर्कसंगत निर्णय लें।

अपना अंतर्ज्ञान सुनें। शांत और आत्मविश्वासी आंतरिक ज्ञान पर ध्यान दें जो आपको सही दिशा में ले जाता है।

पूर्वाग्रहों का छिपा हुआ प्रभाव

हम सभी अनजाने में पूर्वाग्रहों का शिकार होते हैं। ये हमारे अतीत के अनुभवों, सामाजिक वातावरण और व्यक्तिगत विश्वासों से उत्पन्न होते हैं। हालांकि, पूर्वाग्रह हमें विकृत धारणा के साथ दुनिया को देखने के लिए प्रेरित कर सकते हैं और हमारे निर्णयों को अचेतन रूप से प्रभावित कर सकते हैं।

अंतर्ज्ञान से पूर्वाग्रह को अलग करने के लिए, हमें अपने निर्णयों को ध्यान से आंकने और किसी भी अंतर्निहित पूर्वाग्रह को दूर करने का प्रयास करने की आवश्यकता है। यह स्वयं-प्रतिबिंब और स्व-जागरूकता के माध्यम से किया जा सकता है, साथ ही विभिन्न दृष्टिकोणों से विचारों को देखने का प्रयास भी किया जा सकता है।

अंतर्ज्ञान की शक्ति को पहचानना

अंतर्ज्ञान हमारे भीतर एक शक्तिशाली मार्गदर्शक शक्ति है। यह हमें सही रास्ते पर ले जा सकता है, हमें खतरे से बचा सकता है, और हमें सफलता की ओर ले जा सकता है। हालांकि, भावनाओं और पूर्वाग्रहों के शोर में अंतर्ज्ञान की शांत आवाज को सुनना मुश्किल हो सकता है।

इस कारण से, अंतर्ज्ञान को पहचानने और उस पर भरोसा करने के लिए कौशल और अभ्यास की आवश्यकता होती है। ऐसा करने से, हम अपने जीवन में अधिक स्पष्टता, शांति और सफलता प्राप्त कर सकते हैं।

अंतर्ज्ञान को सुनने के लिए कदम:

- ध्यान: नियमित ध्यान हमारे अवचेतन मन को शांत करने और अंतर्ज्ञान की सूक्ष्म आवाज को सुनने के लिए आवश्यक शांत स्थान बनाने में मदद करता है।
- जर्नलिंग: अपनी भावनाओं और विचारों को जर्नलिंग करने से आपको अंतर्दृष्टि प्राप्त करने और अपने अंतर्ज्ञान को बेहतर ढंग से समझने में मदद मिल सकती है।

अंतर्ज्ञान की शक्ति: सकारात्मक परिणामों के वास्तविक जीवन के उदाहरण

अंतर्ज्ञान एक शक्तिशाली उपकरण है जो हमें जीवन में सही निर्णय लेने और सफलता प्राप्त करने में मदद कर सकता है। यह तर्क और कारण से परे एक ज्ञान है, और जब हम इस शक्ति पर भरोसा करते हैं, तो यह हमें अविश्वसनीय परिणामों तक ले जा सकती है। यहाँ वास्तविक जीवन के कुछ उदाहरण दिए गए हैं कि कैसे अंतर्ज्ञान पर भरोसा करने से सकारात्मक परिणाम मिल सकते हैं:

1. उद्यमियों की सफलता:

अल्फ्रेड हर्शी: हर्शे चॉकलेट कंपनी के संस्थापक अल्फ्रेड हर्शे ने अपनी कंपनी शुरू करने के लिए अंतर्ज्ञान का इस्तेमाल किया। उन्होंने एक दूध चॉकलेट बार बनाने का विचार किया, जो उस समय एक असामान्य अवधारणा थी। हालांकि उनके आसपास के लोगों ने इस विचार को हतोत्साहित किया, हर्शे ने अपने अंतर्ज्ञान पर भरोसा किया और अपने उत्पाद को बाजार में उतारा। परिणामस्वरूप, हर्शे चॉकलेट कंपनी आज एक विश्व प्रसिद्ध ब्रांड है।

स्टीव जॉब्स: Apple के सह-संस्थापक स्टीव जॉब्स अपने अंतर्ज्ञान के लिए जाने जाते थे। उन्होंने अपने उत्पादों को डिजाइन करने और व्यवसाय चलाने के लिए अक्सर तर्क और विश्लेषण से अधिक अंतर्ज्ञान का इस्तेमाल किया। उदाहरण के लिए, जॉब्स ने अपने अंतर्ज्ञान के कारण ही पहला माउस बनाया था, जबकि उस समय के तकनीकी विशेषज्ञों ने इस विचार को अव्यावहारिक माना था।

2. खेल और कला में उत्कृष्टता:

- **माइकल जॉर्डन:** बास्केटबॉल के महान माइकल जॉर्डन ने अपनी खेल प्रतिभा के साथ-साथ अपने अंतर्ज्ञान के लिए भी प्रसिद्धि प्राप्त की। वह अक्सर "zone" में होने की बात करते थे, एक ऐसी स्थिति जहां वह तर्क और विश्लेषण को छोड़कर बस खेल को महसूस करते थे। इस अंतर्ज्ञान ने उन्हें सही समय पर सही शॉट लेने और खेल जीतने में मदद की।

- **पिकासो:** अतियथार्थवादी कलाकार पाब्लो पिकासो अपने अद्वितीय कलात्मक शैली के लिए जाने जाते थे। वह अक्सर भावना और अंतर्ज्ञान के माध्यम से कला का निर्माण करते थे, तर्क और नियमितता को छोड़कर। उनके अंतर्ज्ञान ने उन्हें कला के कुछ सबसे प्रतिष्ठित और मूल्यवान कार्यों को बनाने में मदद की।

3. रोजमर्रा की जिंदगी में मार्गदर्शन:

- **करियर में बदलाव:** कई लोग ऐसे हैं जिन्होंने अपने अंतर्ज्ञान का उपयोग करियर में बदलाव करने के लिए किया है और इस प्रक्रिया में अधिक खुशी और सफलता प्राप्त की है। उदाहरण के लिए, एक व्यक्ति को अपने मौजूदा काम में असंतुष्ट महसूस हो सकता है, लेकिन अंतर्ज्ञान उन्हें एक नया रास्ता खोजने के लिए प्रेरित करता है जो उनके जुनून और प्रतिभाओं के साथ बेहतर जुड़ा हो।

- **असुरक्षित स्थितियों से बचना:** अंतर्ज्ञान हमें खतरनाक स्थितियों से बचने में भी मदद कर सकता है। उदाहरण के लिए, एक व्यक्ति को अचानक डर का अनुभव हो सकता है या किसी विशिष्ट स्थान या व्यक्ति के बारे में अजीब "gut feeling" हो सकती है। इस अंतर्ज्ञान को सुनने से उन्हें खुद को नुकसान की स्थिति से दूर रखने में मदद मिल सकती है।

4. व्यक्तिगत संबंधों में सद्भाव:

सही साथी का चुनाव: अंतर्ज्ञान हमें सही साथी चुनने में भी मदद कर सकता है। एक व्यक्ति को किसी के साथ तीव्र आकर्षण का अनुभव हो सकता है या किसी के आसपास गहरी शांति और सुरक्षा का अनुभव हो सकता है। इस अंतर्ज्ञान को सुनने से उन्हें एक सार्थक और स्थायी संबंध बनाने में मदद मिल सकती है।

Chapter 2: Recognizing Your Inner Voice
Chapter 2: अपनी आंतरिक आवाज को पहचानना

अंतर्ज्ञान की भाषा: हमारे साथ संवाद के विभिन्न तरीके

अंतर्ज्ञान एक शक्तिशाली आंतरिक मार्गदर्शक है, लेकिन यह हमेशा स्पष्ट और प्रत्यक्ष नहीं होता है। यह हमारे साथ विभिन्न तरीकों से संवाद करता है, अक्सर सूक्ष्म और प्रतीकात्मक संकेतों के माध्यम से। इस अध्याय में, हम इन संचार के विभिन्न तरीकों का पता लगाएंगे और अंतर्ज्ञान की भाषा को समझना सीखेंगे।

1. आंतरिक भावनाएं (Gut Feelings)

"गट फीलिंग" अंतर्ज्ञान का सबसे आम रूपों में से एक है। यह अक्सर एक शारीरिक संवेदना के रूप में प्रकट होता है, जैसे कि पेट में तितलियाँ, छाती में गर्मी, या रीढ़ की हड्डी में ठंडी सनसनी। ये भावनाएं हमें किसी स्थिति के बारे में सचेत कर सकती हैं और हमें सही दिशा में मार्गदर्शन कर सकती हैं।

2. शारीरिक संवेदनाएं (Physical Sensations)

शारीरिक संवेदनाएं अंतर्ज्ञान के संचार के महत्वपूर्ण संकेतक भी हो सकती हैं। ये हृदय गति में वृद्धि, रक्तचाप में परिवर्तन, त्वचा में झुनझुनी और यहां तक कि मांसपेशियों में तनाव या ऐंठन भी शामिल हो सकते हैं। इन शारीरिक प्रतिक्रियाओं को अनदेखा न करें, क्योंकि वे अंतर्ज्ञान के संकेत हो सकते हैं जो हमें किसी स्थिति के बारे में बता रहे हैं।

3. सपने और दिव्य दृष्टि (Dreams and Visions)

सपने और दिव्य दृष्टि अंतर्ज्ञान के शक्तिशाली संदेशवाहक हो सकते हैं। वे हमें प्रतीकात्मक रूप से मार्गदर्शन कर सकते हैं, हमें भविष्य की एक झलक दे सकते हैं, या हमें छिपी हुई सच्चाइयों को प्रकट कर सकते हैं। सपनों और दिव्य दृष्टि को हमेशा शाब्दिक रूप से नहीं लिया जाना चाहिए, लेकिन उन्हें आंतरिक ज्ञान के स्रोत के रूप में देखा जाना चाहिए, जिस पर ध्यान देने और समझने की आवश्यकता है।

4. सहज ज्ञान (Intuition)

कभी-कभी, हम किसी स्थिति के बारे में एक सहज ज्ञान का अनुभव करते हैं, भले ही हमारे पास इसके बारे में सीमित जानकारी हो। यह एक मजबूत "जानने" का एहसास है जो तर्क या विश्लेषण से परे है। सहज ज्ञान पर भरोसा करना अंतर्ज्ञान का एक महत्वपूर्ण पहलू है, क्योंकि यह हमें सही दिशा में आगे बढ़ने में मदद कर सकता है।

5. सिंक्रोनसिटी और संकेत (Synchronicities and Signs)

सिंक्रोनस घटनाएं हैं जब जीवन में अजीब संयोग या संकेत होते हैं। यह एक दोहराया संख्या देख सकता है, एक गीत सुन सकता है जो आपके जीवन की स्थिति से संबंधित हो, या किसी ऐसे व्यक्ति से मिल सकता है जो आपको सही संदेश देता है। सिंक्रोनस घटनाओं को अनदेखा न करें, क्योंकि वे आपकी आंतरिक आवाज के संकेत हो सकते हैं जो आपको मार्गदर्शन दे रहे हैं।

6. प्रेरणा और रचनात्मकता (Inspiration and Creativity)

कभी-कभी, अंतर्ज्ञान हमें प्रेरणा और रचनात्मकता के रूप में प्रकट होता है। अचानक हमारे पास नए विचार आते हैं, समाधान मिलते हैं, और हमारी रचनात्मकता बढ़ जाती है। यह अंतर्ज्ञान का एक शक्तिशाली रूप है जो हमें जीवन में आगे बढ़ने और अपने सपनों को पूरा करने में मदद कर सकता है।

7. शांति और आंतरिक शांति (Peace and Inner Calm)

अंतर्ज्ञान अक्सर शांति और आंतरिक शांति की भावना के रूप में प्रकट होता है। जब हम किसी स्थिति के बारे में सही निर्णय ले रहे होते हैं, तो हमें अक्सर एक गहरी शांति का अनुभव होता है। दूसरी ओर, जब हम सही रास्ते पर नहीं होते हैं

आंतरिक भावनाएं: "gut feeling"

अंतर्ज्ञान का सबसे आम तरीकों में से एक आंतरिक भावनाओं के माध्यम से होता है। यह हमारे पेट में तितलियाँ, हमारे दिल में गर्मी का एहसास, या एक ठंडी सनसनी हो सकती है जो हमें बताती है कि कुछ सही नहीं है। ये भावनाएं हमें आंतरिक स्तर पर कुछ सूचित कर सकती हैं, भले ही हम इसे पूरी तरह से समझ न पाएं।

शारीरिक संवेदनाएं: सूक्ष्म संकेतों को पहचानना

हमारी आंतरिक आवाज कभी-कभी हमारे शरीर में शारीरिक संवेदनाओं के माध्यम से भी संवाद कर सकती है। यह एक तनावपूर्ण गर्दन, एक सिरदर्द, या यहां तक कि एक मुस्कान भी हो सकती है जो चेहरे पर अनायास ही आ जाती है। ये संवेदनाएं हमें अपनी भावनात्मक

प्रतिक्रियाओं के बारे में सूचित कर सकती हैं और हमें सही निर्णय लेने के लिए प्रेरित कर सकती हैं।

सहज ज्ञान: अचानक ज्ञान की चमक

कभी-कभी, हमें अचानक और बिना किसी स्पष्टीकरण के किसी चीज के बारे में जानने का एहसास होता है। यह सहज ज्ञान की शक्ति है, जो अंतर्ज्ञान का एक और रूप है। यह ज्ञान हमारे अवचेतन मन से आता है, जो लगातार जानकारी को संसाधित करता है और पैटर्न की पहचान करता है। जब हमें सहज ज्ञान का अनुभव होता है, तो यह अक्सर एक महत्वपूर्ण संदेश होता है जिसे हमें ध्यान में रखना चाहिए।

सपने और दृष्टि: रहस्यमय संदेश

सपने और दृष्टि अंतर्ज्ञान के लिए एक और शक्तिशाली माध्यम हैं। ये अक्सर प्रतीकात्मक होते हैं और उन्हें समझने के लिए कुछ व्याख्या की आवश्यकता हो सकती है। हालांकि, जब हम सपनों और दृष्टि को समझने का प्रयास करते हैं, तो हम अंतर्दृष्टि प्राप्त कर सकते हैं और अपने जीवन में महत्वपूर्ण मुद्दों के बारे में गहरी समझ प्राप्त कर सकते हैं।

सिंक्रोनस घटनाएँ: जब जीवन संरेखित होता है

कभी-कभी, हम अर्थपूर्ण संयोगों या अजीब घटनाओं का अनुभव करते हैं जिन्हें हम समझा नहीं सकते। इन्हें सिंक्रोनस घटनाएँ कहा जाता है और यह अंतर्ज्ञान का एक रूप भी हो सकता है। जब हम सिंक्रोनिसिटी का अनुभव करते हैं, तो यह एक संकेत हो सकता है कि हम सही रास्ते पर हैं या हमें ध्यान देने के लिए कुछ महत्वपूर्ण है।

अंतर्ज्ञान की भाषा को बोलना सीखना: हमारी आंतरिक आवाज को समझना

इन सभी तरीकों से अंतर्ज्ञान हमारे साथ संवाद करने का प्रयास करता है। हालांकि, यह हमारी जिम्मेदारी है कि हम इसे सुनें और समझें। ऐसा करने के लिए, हमें अपनी आंतरिक दुनिया से जुड़ने के लिए समय निकालने की आवश्यकता है। हम ध्यान, जर्नलिंग, प्रकृति में समय बिताने या बस अपने विचारों और भावनाओं को ध्यान से देखने के माध्यम से ऐसा कर सकते हैं।

अपनी अंतर्ज्ञान को जगाना: जागरूकता बढ़ाने के लिए अभ्यास और तकनीक

अंतर्ज्ञान एक शक्तिशाली उपकरण है जो हमें सही रास्ते पर ले जा सकता है, हमारे निर्णयों को बेहतर बनाने में मदद कर सकता है और हमें जीवन में सफलता प्राप्त करने में सक्षम बना सकता है। हालांकि, कई लोग अपनी अंतर्ज्ञान की आवाज को अनदेखा कर देते हैं क्योंकि वे इसे पहचानने में असमर्थ हैं। सौभाग्य से, जागरूकता बढ़ाने और अपनी अंतर्ज्ञान के साथ संबंध को मजबूत करने के लिए कई अभ्यास और तकनीकें हैं।

1. ध्यान: शांतता की शक्ति

ध्यान हमारे मन को शांत करने और अंतर्ज्ञान की सूक्ष्म आवाज को सुनने के लिए आवश्यक शांत स्थान बनाने में मदद करता है। नियमित ध्यान का अभ्यास करने से हमें अपने विचारों और भावनाओं को अधिक स्पष्ट रूप से देखने और अंतर्निहित संदेशों को पहचानने में सक्षम बनाता है।

2. जर्नलिंग: अपने विचारों और भावनाओं को व्यक्त करना

अपने विचारों और भावनाओं को जर्नलिंग करना अंतर्दृष्टि प्राप्त करने और अपने अंतर्ज्ञान को बेहतर ढंग से समझने का एक शानदार तरीका है। जब हम लिखते हैं, तो हम अपने अवचेतन मन को दरकिनार कर देते हैं और हमारे सामने आने वाली चीजों को देख सकते हैं। यह हमें पैटर्न और कनेक्शन पहचानने और अंतर्ज्ञान के संकेतों को समझने में मदद कर सकता है।

3. स्व-प्रतिबिंब: अपने आप से जुड़ना

आत्म-प्रतिबिंब का अभ्यास हमें अपने विचारों, भावनाओं और व्यवहारों को करीब से देखने का अवसर देता है। यह हमें अंतर्दृष्टि प्राप्त करने और समझने में मदद कर सकता है कि हमारी अंतर्ज्ञान किस बारे में हमें बताने की कोशिश कर रही है।

4. शारीरिक जागरूकता: अपने शरीर को सुनना

हमारी अंतर्ज्ञान अक्सर हमारे शरीर में संवेदनाओं के माध्यम से संवाद करती है। शारीरिक जागरूकता का अभ्यास करने से हमें इन संकेतों को बेहतर ढंग से समझने में मदद मिल सकती है। यह ध्यान, गहरी सांस लेने के व्यायाम, या योग जैसे शारीरिक गतिविधियों के माध्यम से किया जा सकता है।

5. सपनों का विश्लेषण: प्रतीकात्मक संदेशों को समझना

सपने अंतर्ज्ञान के लिए एक शक्तिशाली माध्यम हैं। हालाँकि, वे अक्सर प्रतीकात्मक होते हैं और उन्हें समझने के लिए कुछ व्याख्या की आवश्यकता हो सकती है। सपनों के जर्नल को रखने और उनका विश्लेषण करने का अभ्यास करने से हमें संदेशों को समझने और अंतर्दृष्टि प्राप्त करने में मदद मिल सकती है।

6. प्रकृति में समय बिताना: संतुलन और शांति पाना

प्रकृति में समय बिताना आराम करने, तनाव कम करने और अंतर्ज्ञान के साथ जुड़ने के लिए एक शानदार तरीका है। प्रकृति की शांति और सुंदरता हमें प्रेरित कर सकती है और हमें अपने आंतरिक स्वर को सुनने के लिए आवश्यक शांत स्थान प्रदान कर सकती है।

7. सहज ज्ञान को पहचानें: अचानक आने वाली जानकारी

अंतर्ज्ञान अक्सर सहज ज्ञान के माध्यम से प्रकट होता है, जो अचानक ज्ञान की चमक है। जब हमें सहज ज्ञान का अनुभव होता है, तो यह महत्वपूर्ण है कि हम उस पर ध्यान दें और इसकी अगुवाई करें। अक्सर, सहज ज्ञान हमें सही रास्ते पर ले जाता है, भले ही हम यह नहीं समझते कि क्यों।

8. सिंक्रोनस घटनाओं पर ध्यान दें: जीवन के रहस्यमय संकेत

संयोगपूर्ण घटनाओं या अजीब घटनाओं को नज़रअंदाज़ न करें। ये सिंक्रोनस घटनाएँ अंतर्ज्ञान का एक रूप हो सकती हैं और हमें महत्वपूर्ण संदेश भेजने का प्रयास कर सकती हैं।

अंतर्ज्ञान की शक्ति को अनलॉक करना: आत्म-संदेह, निर्णय और तर्क को दूर करना

हमें सभी को लगता है कि कभी-कभी हमारी आंतरिक आवाज हमें मार्गदर्शन दे रही है। लेकिन उस आवाज को पहचानना और उस पर भरोसा करना हमेशा आसान नहीं होता। कई चुनौतियाँ हैं जो हमें अंतर्ज्ञान के सूक्ष्म संकेतों को अनदेखा करने और अपने तर्कसंगत दिमाग पर निर्भर रहने के लिए प्रेरित करती हैं। इस अध्याय में, हम उन आम चुनौतियों का पता लगाएंगे जो अंतर्ज्ञान को पहचानने और उस पर भरोसा करने के रास्ते में आती हैं और उन पर काबू पाने के लिए रणनीतियाँ विकसित करेंगे।

चुनौती 1: आत्म-संदेह

अंतर्ज्ञान पर भरोसा करने के लिए पहली बाधा अक्सर आत्म-संदेह होती है। हमें खुद पर भरोसा नहीं हो सकता है कि हम अपने अंतर्ज्ञान की सही व्याख्या कर रहे हैं या नहीं। इस आत्म-संदेह के कारण, हम अपने अंतर्ज्ञान को अनदेखा कर देते हैं और तार्किक निर्णय लेने का सहारा लेते हैं, भले ही यह सही न लगे।

इस चुनौती पर कैसे काबू पाएं:

- अपने आप को सकारात्मक पुष्टि दें: अपने आप को याद दिलाएं कि आप अंतर्ज्ञान को समझने में सक्षम हैं।
- अपने पिछले अनुभवों को याद करें: उन समय को याद करें जब आपने अपनी अंतर्ज्ञान को सुना और सकारात्मक परिणाम देखा।
- छोटी-छोटी शुरुआत करें: अपने अंतर्ज्ञान का उपयोग छोटे, कम जोखिम वाले निर्णयों के लिए करना शुरू करें। जैसे-जैसे आप सफलता का

अनुभव करते हैं, आप अपने अंतर्ज्ञान पर अधिक भरोसा करना शुरू कर देंगे।

चुनौती 2: निर्णय का डर

दूसरी बाधा निर्णय का डर है। हम चिंतित हो सकते हैं कि अगर हम अपने अंतर्ज्ञान का पालन करते हैं और गलत हैं तो लोग हमें क्या सोचेंगे। यह डर हमें अपने अंतर्ज्ञान को छिपाने और सामाजिक रूप से स्वीकार्य निर्णय लेने के लिए प्रेरित कर सकता है, भले ही वे हमारे सर्वोत्तम हित में न हों।

इस चुनौती पर कैसे काबू पाएं:

जजमेंट को जाने दें: याद रखें कि हर कोई अलग होता है और आपके पास अपने निर्णय लेने का अधिकार है।

खुद के प्रति सच्चे रहें: अपने अंतर्ज्ञान को सुनना और उसका पालन करना आपके प्रामाणिक स्व के साथ जुड़ने का एक महत्वपूर्ण हिस्सा है।

परिणाम के बारे में नहीं, बल्कि प्रक्रिया के बारे में सोचें: यदि आप अपने अंतर्ज्ञान को सुनते हैं और निर्णय लेते हैं, भले ही परिणाम आपकी अपेक्षा के अनुरूप न हो, तो जान लें कि आपने अपने सर्वश्रेष्ठ प्रयास किए हैं।

चुनौती 3: तर्कसंगतता का जाल

हमारी तर्कसंगत सोच को चुनौती देने और असंभव लगने वाले निर्णयों को स्वीकार करने के लिए अंतर्ज्ञान अक्सर हमें धक्का देता है। इस कारण, हम अपने अंतर्ज्ञान को तर्क के खिलाफ तर्कहीन और अविश्वसनीय के रूप में देख सकते हैं। इस प्रकार, हम अपने तर्कसंगत दिमाग को निर्णय लेने की प्रक्रिया पर हावी होने देते हैं, भले ही यह हमें गलत दिशा में ले जाए।

इस चुनौती पर कैसे काबू पाएं:

- तर्क और अंतर्ज्ञान को एक संतुलित दृष्टिकोण के रूप में देखें: अंतर्ज्ञान को तर्क के प्रतिस्थापन के रूप में नहीं, बल्कि एक पूरक उपकरण के रूप में देखें।
- अपने तर्क को अपने अंतर्ज्ञान के साथ संतुलित करें: एक महत्वपूर्ण निर्णय लेने से पहले, अपने अंतर्ज्ञान को सुनें और इसे अपने तर्क के साथ संतुलित करें।

हम सभी के अंदर एक शक्तिशाली अंतर्ज्ञान होता है जो हमें जीवन के विभिन्न क्षेत्रों में मार्गदर्शन और सहायता प्रदान कर सकता है। हालांकि, इस आंतरिक ज्ञान को पहचानना और उस पर भरोसा करना हमेशा आसान नहीं होता है। कई चुनौतियाँ हैं जो हमें अपनी अंतर्ज्ञान को अनदेखा करने और इसके बजाय बाहरी कारकों और आवाजों पर भरोसा करने के लिए प्रेरित करती हैं।

इस अध्याय में, हम अंतर्ज्ञान को पहचानने और उस पर भरोसा करने में आने वाली कुछ सबसे आम चुनौतियों का पता लगाएंगे। हम यह भी देखेंगे कि इन चुनौतियों को कैसे दूर किया जाए और अपने अंतर्ज्ञान को एक शक्तिशाली मार्गदर्शक शक्ति के रूप में विकसित किया जाए।

1. आत्म-संदेह: एक आम चुनौती आत्म-संदेह और आत्म-संदेह है। हमें अक्सर अपनी अंतर्ज्ञान की वैधता पर सवाल उठता है और हम अपने निर्णय लेने की क्षमता में विश्वास खो देते हैं।

इसे कैसे दूर करें:

- अपनी सफलताओं को याद रखें: उन सभी समयों को याद करें जब आपने अपनी अंतर्ज्ञान को सुना और उसका पालन किया और

सकारात्मक परिणाम प्राप्त किए। यह आपको अपने अंतर्ज्ञान पर भरोसा करने के लिए आत्मविश्वास बढ़ाने में मदद करेगा।

अंतर्ज्ञान पर विश्वास विकसित करें: जैसे-जैसे आप अपनी अंतर्ज्ञान को सुनना और उस पर भरोसा करना शुरू करते हैं, आप देखेंगे कि यह आपको सही रास्ते पर ले जाता है। यह सफलता अंतर्ज्ञान की शक्ति में आपका विश्वास बढ़ाने में मदद करेगी।

अंतर्ज्ञान के विकास के लिए अभ्यास करें: ध्यान, जर्नलिंग और अन्य अभ्यासों के माध्यम से अपनी अंतर्ज्ञान को विकसित करने का प्रयास करें। यह आपको अपनी आंतरिक आवाज को सुनने में अधिक सहज होने में मदद करेगा।

अपनी आंतरिक ज्ञान से नियमित रूप से जुड़ने के लिए एक अभ्यास का निर्माण

हम सभी के अंदर एक अविश्वसनीय रूप से शक्तिशाली, सहायक और ज्ञानवर्धक आंतरिक मार्गदर्शक है जिसे हम अंतर्ज्ञान कहते हैं। हालांकि, इस आंतरिक ज्ञान तक पहुंचने और इसका उपयोग करने के लिए, हमें इसे नियमित रूप से जोड़ने और पोषण करने के लिए एक अभ्यास बनाने की आवश्यकता है। यह हमें स्पष्टता, मार्गदर्शन और अंतर्दृष्टि प्राप्त करने में मदद करेगा जो हमें अपने जीवन में सफल होने और खुश रहने के लिए आवश्यक है।

यहां कुछ अभ्यास और तकनीकें दी गई हैं जिन्हें आप अपनी नियमित दिनचर्या में शामिल कर सकते हैं ताकि आप अपनी आंतरिक बुद्धि के साथ गहराई से जुड़ सकें:

1. ध्यान:

ध्यान अपनी आंतरिक दुनिया को शांत करने और अपने अंतर्ज्ञान को सुनने के लिए सबसे शक्तिशाली तकनीकों में से एक है। जब आप ध्यान करते हैं, तो आप अपने विचारों और भावनाओं को शांत करते हैं और एक शांत स्थान बनाते हैं जहां आप अपनी आंतरिक आवाज को अधिक आसानी से सुन सकते हैं।

अपनी दिनचर्या में ध्यान को शामिल करने के लिए, हर दिन कुछ मिनट के लिए शांत बैठने का प्रयास करें। अपनी सांस पर ध्यान केंद्रित करें और अपने शरीर और मन को शांत करने की अनुमति दें। जैसे ही विचार आते हैं, उन्हें बिना निर्णय के गुजरने दें।

2. जर्नलिंग:

जर्नलिंग आपके विचारों, भावनाओं और अंतर्दृष्टि को स्पष्ट करने का एक शानदार तरीका है। यह आपको अपने अंतर्ज्ञान से संदेश प्राप्त करने और समझने के लिए एक मंच भी प्रदान करता है।

हर दिन कुछ समय निकालकर अपनी भावनाओं और विचारों को जर्नल में लिखने का प्रयास करें। आप उन सवालों के जवाब भी लिख सकते हैं जो आपको परेशान कर रहे हैं या मार्गदर्शन की तलाश कर रहे हैं। जितना अधिक आप जर्नल करते हैं, उतना ही आप अपनी आंतरिक आवाज को सुनने और समझने के लिए बेहतर हो जाएंगे।

3. शारीरिक गतिविधि:

शारीरिक गतिविधि आपके शरीर और दिमाग के बीच संबंध को मजबूत करने का एक शानदार तरीका है। यह आपको तनाव को कम करने, अपनी ऊर्जा को बढ़ाने और अपने अंतर्ज्ञान के साथ जुड़ने में मदद कर सकता है।

ऐसी शारीरिक गतिविधियाँ चुनें जो आपको पसंद हों और जो आपको अच्छा महसूस कराएँ। दौड़ने, तैराकी, नृत्य, योग या यहां तक कि प्रकृति में टहलने जैसी गतिविधियाँ आपके शरीर और आत्मा को तरोताजा करने और अपनी आंतरिक बुद्धि से जुड़ने में मदद कर सकती हैं।

4. सतर्कता का अभ्यास करें:

सतर्कता का अर्थ है वर्तमान क्षण में पूरी तरह से उपस्थित रहना। यह आपको अपने विचारों, भावनाओं और परिवेश के प्रति अधिक संवेदनशील बनने में मदद करता है, जिससे आप सूक्ष्म संकेतों और अंतर्दृष्टि को अधिक आसानी से पहचान सकते हैं।

सतर्कता का अभ्यास करने के लिए, अपने दिन के दौरान कुछ क्षण रुकें और बस "होने" पर ध्यान दें। अपने आस-पास की आवाज़ों, गंधों और दृश्यों को देखें। अपने शरीर में किसी भी संवेदनाओं पर ध्यान दें और अपने मन में आने वाले किसी भी विचार या भावना को देखें। निर्णय के बिना बस निरीक्षण करें।

5. प्रकृति में समय बिताएं:

प्रकृति एक शक्तिशाली उपचारक शक्ति है जो आपको शांत करने, केंद्रित करने और अपनी आंतरिक बुद्धि के साथ जुड़ने में मदद कर सकती है। प्रकृति में समय बिताना आपके तनाव के स्तर को कम करता है, आपकी रचनात्मकता को बढ़ाता है और आपको अपने अंतर्ज्ञान को सुनने के लिए एक शांत स्थान प्रदान करता है।

Chapter 3: Unleashing Your Intuitive Power

Chapter 3: अपनी अंतर्ज्ञान शक्ति को जगाएं: अपने जीवन में सकारात्मकता और सफलता लाने के लिए एक गाइड

अपने जीवन के विभिन्न क्षेत्रों में अंतर्ज्ञान का उपयोग करना: कैरियर, रिश्ते, वित्त और स्वास्थ्य

हम सभी के अंदर एक अविश्वसनीय रूप से शक्तिशाली अंतर्ज्ञान होता है जो हमें जीवन के विभिन्न क्षेत्रों में मार्गदर्शन और सहायता प्रदान कर सकता है। हालांकि, यह जानना हमेशा आसान नहीं होता कि कब हमारी आंतरिक आवाज बोल रही है और इसका उपयोग कैसे करें।

इस अध्याय में, हम विभिन्न जीवन स्थितियों में अंतर्ज्ञान का उपयोग करने के लिए कुछ प्रभावी रणनीतियों का पता लगाएंगे। हम देखेंगे कि कैसे आप अपने अंतर्ज्ञान को सुनकर अपने कैरियर, रिश्ते, वित्त और स्वास्थ्य में अधिक स्पष्टता, सफलता और खुशी प्राप्त कर सकते हैं।

कैरियर

नौकरी के अवसरों का मूल्यांकन करते समय अपनी अंतर्ज्ञान का उपयोग करें: क्या कोई विशेष अवसर आपको उत्साहित करता है और आपके सच्चे उद्देश्य के साथ जुड़ता है, या क्या यह केवल तर्कसंगत कारणों से आकर्षक लगता है?

कठिन कार्य निर्णय करते समय अपनी आंतरिक आवाज को सुनें: क्या आपको किसी प्रोजेक्ट पर बने रहने या आगे बढ़ने का आग्रह महसूस होता है? अपनी अंतर्ज्ञान को आपको सही रास्ते पर ले जाने दें।

- अपने करियर का मार्ग चुनने के लिए अंतर्ज्ञान का उपयोग करें: क्या आप एक विशिष्ट क्षेत्र या उद्योग की ओर आकर्षित महसूस करते हैं? अपनी आंतरिक ज्ञान को आपको सही दिशा में मार्गदर्शन करने दें।

रिश्ते

- नए लोगों से मिलते समय अपनी अंतर्ज्ञान पर ध्यान दें: क्या आप किसी के आस-पास सहज और खुश महसूस करते हैं, या क्या आपको किसी तरह का असंतुलन महसूस होता है?

- अपने रिश्तों में कठिन निर्णय लेते समय अंतर्ज्ञान का उपयोग करें: क्या आपको किसी रिश्ते को समाप्त करने या उसमें रहने का आंतरिक आग्रह महसूस होता है? अपनी आंतरिक आवाज को आपको सही दिशा में ले जाने दें।

- अपने रिश्तों में सद्भाव और संतुलन बनाए रखने के लिए अंतर्ज्ञान का उपयोग करें: क्या आपको अपने साथी के साथ अधिक खुले और ईमानदार होने का आग्रह महसूस होता है? अपनी आंतरिक ज्ञान को आपको अपने रिश्तों को मजबूत बनाने में मदद करने दें।

वित्त

- वित्तीय निर्णय लेते समय अपनी अंतर्ज्ञान को सुनें: क्या आपको किसी निवेश में शामिल होने या न करने का एक मजबूत एहसास है? अपनी आंतरिक आवाज को आपको वित्तीय रूप से सुरक्षित रहने में मदद करने दें।

- अपने खर्च करने की आदतों का मूल्यांकन करने के लिए अंतर्ज्ञान का उपयोग करें: क्या आपको लगता है कि आप अपने पैसे को बुद्धिमानी से खर्च कर रहे हैं? अपनी आंतरिक ज्ञान को आपको वित्तीय रूप से जिम्मेदार बनने में मदद करने दें।

अपने वित्तीय लक्ष्यों को निर्धारित करने के लिए अंतर्ज्ञान का उपयोग करें: आप अपने भविष्य के लिए क्या चाहते हैं? अपनी आंतरिक आवाज को आपको वित्तीय रूप से सफल होने में मदद करने दें।

स्वास्थ्य

अपने शरीर के संकेतों को सुनें: क्या आपको लगता है कि कुछ गलत है, भले ही डॉक्टरों को कोई समस्या न मिले? अपनी आंतरिक आवाज को आपको अपने स्वास्थ्य का ध्यान रखने में मदद करने दें।

स्वस्थ आदतें अपनाने के लिए अंतर्ज्ञान का उपयोग करें: क्या आपको लगता है कि आपको अधिक व्यायाम करने या अपने आहार में सुधार करने की आवश्यकता है? अपनी आंतरिक ज्ञान को आपको स्वस्थ जीवन जीने में मदद करने दें।

चिकित्सा निर्णय लेते समय अंतर्ज्ञान का उपयोग करें: क्या आपको किसी उपचार या प्रक्रिया के बारे में संदेह है? अपनी आंतरिक आवाज को आपको सही चिकित्सा निर्णय लेने में मदद करने दें।

अंतर्ज्ञान से निर्णय लेने के लिए व्यावहारिक उपकरण और तकनीकें: ध्यान, जर्नलिंग, विज़ुअलाइज़ेशन और अधिक

हम सभी महत्वपूर्ण निर्णयों के चौराहे पर खड़े होते हैं, जो हमारे जीवन को एक या दूसरे तरीके से प्रभावित करते हैं। जबकि तर्क और कारण महत्वपूर्ण भूमिका निभाते हैं, अंतर्ज्ञान एक शक्तिशाली उपकरण है जिसे अक्सर अनदेखा कर दिया जाता है। यह हमारी आंतरिक बुद्धि का एक स्रोत है जो हमें सतह के नीचे देखने और सही विकल्प बनाने में मदद कर सकता है।

हालांकि, अंतर्ज्ञान को विकसित करना और इसका उपयोग करना सीखना अभ्यास और प्रयास करता है। शुक्र है, कई प्रभावी उपकरण और तकनीकें हैं जो आपको अपनी अंतर्ज्ञान को जगाने और निर्णय लेने की प्रक्रिया में इसका लाभ उठाने में मदद कर सकती हैं।

1. ध्यान

दैनिक ध्यान का अभ्यास करना अंतर्ज्ञान को विकसित करने और जीवन के विभिन्न क्षेत्रों में इसका उपयोग करने के लिए सबसे शक्तिशाली उपकरणों में से एक है। ध्यान करने से आप अपने मन को शांत करते हैं, तनाव कम करते हैं और अपने अंतर्ज्ञान को स्पष्ट रूप से सुनने के लिए आवश्यक शांत स्थान बनाते हैं।

यहां कुछ सरल ध्यान तकनीकें हैं जिन्हें आप आजमा सकते हैं:

- गहरी साँस लेने के व्यायाम: अपनी सांस पर ध्यान केंद्रित करना आपके दिमाग को शांत करने और वर्तमान क्षण में उपस्थित होने में मदद करता है।

मंत्र ध्यान: अपने आप को एक सकारात्मक मंत्र दोहराएं जैसे "मैं अंतर्ज्ञान से जुड़ रहा हूँ" या "मैं सही चुनाव करने में सक्षम हूँ।"

विजुअलाइज़ेशन: अपने आप को एक शांत और शांतिपूर्ण स्थान पर कल्पना करें जहां आपकी अंतर्ज्ञान आपको मार्गदर्शन कर सकती है।

2. जर्नलिंग

जब आप किसी महत्वपूर्ण निर्णय के बारे में जर्नल रखते हैं, तो आप अपने विचारों, भावनाओं और अंतर्दृष्टि को स्पष्ट करने में मदद कर सकते हैं। यह आपके अवचेतन मन को संदेश भेजने और अपनी अंतर्ज्ञान के साथ बेहतर जुड़ने का एक शानदार तरीका है।

यहां कुछ जर्नलिंग प्रॉम्प्ट दिए गए हैं जो आपको अंतर्ज्ञान से निर्णय लेने में मदद कर सकते हैं:

मुझे इस निर्णय के बारे में क्या भावनाएँ हैं?

मेरा अंतर्ज्ञान मुझे क्या बता रहा है?

इस निर्णय के संभावित परिणाम क्या हैं?

किस विकल्प से मुझे सच्ची खुशी और शांति मिलेगी?

3. विजुअलाइज़ेशन

विजुअलाइज़ेशन एक शक्तिशाली उपकरण है जिसका उपयोग अंतर्ज्ञान को विकसित करने और अपने लक्ष्यों को प्राप्त करने के लिए किया जा सकता है। जब आप अपने आप को एक सफल परिणाम की कल्पना करते हैं, तो आप अपने अवचेतन मन को प्रोग्राम करते हैं और उस दिशा में ऊर्जा भेजते हैं।

यहां एक सरल विजुअलाइज़ेशन अभ्यास है जिसका उपयोग आप अंतर्ज्ञान से निर्णय लेने के लिए कर सकते हैं:

- एक शांत स्थान पर बैठें और अपनी आँखें बंद करें।
- अपने आप को उस निर्णय के बारे में सोचते हुए देखें जो आप करना चाहते हैं।
- अपने आप को उस निर्णय को लेने के परिणामों को स्पष्ट रूप से देखें।
- यदि आप परिणामों से खुश हैं, तो अपने आप को खुशी और शांति महसूस करते हुए देखें।

4. बॉडी स्कैन

हमारे शरीर अक्सर हमें सूक्ष्म संकेत भेजते हैं जो हमें मार्गदर्शन करते हैं। बॉडी स्कैन करने का अभ्यास करके, आप अपने शरीर के प्रति अधिक जागरूक हो सकते हैं और अंतर्ज्ञान के संकेतों को समझना सीख सकते हैं।

विभिन्न निर्णय-निर्माण रूपरेखाओं का अन्वेषण जो अंतर्ज्ञान को शामिल करती हैं: फायदे और नुकसान, मूल्य-आधारित निर्णय लेना, आदि।

जीवन हमें लगातार निर्णय लेने की स्थिति में डालता है, छोटे से लेकर बड़े तक। इनमें से कुछ निर्णय तर्क और कारण पर आधारित होते हैं, जबकि अन्य में अंतर्ज्ञान की महत्वपूर्ण भूमिका होती है। यद्यपि अंतर्ज्ञान एक शक्तिशाली मार्गदर्शक हो सकता है, यह अकेले पर्याप्त नहीं है। एक संतुलित और विचारशील निर्णय लेने के लिए, विभिन्न रूपरेखाओं को लागू करना आवश्यक है जो तर्क, अंतर्ज्ञान और व्यक्तिगत मूल्यों को जोड़ती हैं।

1. अंतर्ज्ञान-आधारित निर्णय लेने के फायदे और नुकसान

फायदे:

त्वरित और कुशल: अंतर्ज्ञान अक्सर तर्कपूर्ण विश्लेषण से तेज होता है, जिससे आप तेजी से निर्णय ले सकते हैं, खासकर समय के दबाव में।

रचनात्मकता और नवाचार को बढ़ावा देता है: अंतर्ज्ञान अनुभूति और भावनाओं से जुड़ा होता है, जो आपको नए दृष्टिकोण और रचनात्मक समाधानों को देखने में मदद कर सकता है।

संपूर्ण तस्वीर पर विचार करने में मदद करता है: अंतर्ज्ञान आपको सूक्ष्म संकेतों और अवचेतन विचारों को लेने में मदद कर सकता है, जो आपको तर्क द्वारा छूटे हुए महत्वपूर्ण जानकारी को ध्यान में रखते हुए अधिक समग्र निर्णय लेने में सक्षम बनाता है।

नुकसान:

- पक्षपातपूर्ण और व्यक्तिपरक: अंतर्ज्ञान व्यक्तिगत अनुभवों, भावनाओं और विश्वासों से प्रभावित होता है, जिससे पक्षपातपूर्ण निर्णय हो सकते हैं।
- तर्क और कारण का अभाव: अंतर्ज्ञान अक्सर सटीक तर्क और कारण पर आधारित नहीं होता है, जिससे खराब निर्णय हो सकते हैं, खासकर जटिल परिस्थितियों में।
- विश्वास करने और समझने में मुश्किल: अंतर्ज्ञान अक्सर अचानक और अस्पष्ट रूप से आ सकता है, जिससे इसे विश्वास करना और समझना मुश्किल हो जाता है।

2. मूल्य-आधारित निर्णय लेना

मूल्य-आधारित निर्णय लेना एक रूपरेखा है जो आपके व्यक्तिगत मूल्यों और विश्वासों को निर्णय लेने के केंद्र में रखती है। यह आपको ऐसे निर्णय लेने में मदद करता है जो आपके लिए सबसे महत्वपूर्ण हैं और आपको अपने जीवन में अधिक संतुष्टि और सार्थकता का अनुभव करने में सक्षम बनाता है।

मूल्य-आधारित निर्णय लेने के चरण:

1. अपने मूल्यों को पहचानें: अपने जीवन में सबसे महत्वपूर्ण क्या है? लिखिए और अपने मूल्यों को प्राथमिकता दें।
2. परिस्थिति का मूल्यांकन करें: निर्णय की आवश्यकता वाली स्थिति के बारे में सोचें। क्या कोई नैतिक आयाम हैं?
3. विकल्पों पर विचार करें: संभावित समाधानों पर विचार करें और प्रत्येक विकल्प को अपने मूल्यों के प्रकाश में देखें।
4. चुनाव करें: वह विकल्प चुनें जो आपके मूल्यों के साथ सबसे अधिक संरेखित हो और आपके लिए सबसे सार्थक हो।

. अपने फैसले को प्रतिबिंबित करें: अपने निर्णय के परिणामों को देखें और अपने मूल्यों के साथ उनका संरेखण का मूल्यांकन करें।

3. सहज बोध और तर्क का संयोजन

अंतर्ज्ञान और तर्क को एक-दूसरे के विपरीत देखने के बजाय, उन्हें एक दूसरे के पूरक के रूप में देखा जाना चाहिए। एक संतुलित और विचारशील निर्णय लेने के लिए, दोनों को संयोजित करना महत्वपूर्ण है।

अंतर्ज्ञान के रास्ते में: मानसिक अवरोधों और सीमित विश्वासों को पार करना

हम सभी के अंदर एक शक्तिशाली अंतर्ज्ञान होता है, लेकिन कई बार आंतरिक और बाहरी कारकों के कारण हम इससे कट जाते हैं। मानसिक अवरोध और सीमित विश्वास हमें अपनी अंतर्ज्ञान को सुनने और उस पर भरोसा करने से रोकते हैं, जिससे हम जीवन में सही निर्णय लेने और अपनी पूरी क्षमता तक पहुंचने में असफल होते हैं।

इस अध्याय में, हम अंतर्ज्ञान के रास्ते में आने वाले कुछ सबसे आम मानसिक अवरोधों और सीमित विश्वासों पर चर्चा करेंगे। हम यह भी देखेंगे कि इन बाधाओं को कैसे दूर किया जाए और अपनी अंतर्ज्ञान को एक शक्तिशाली मार्गदर्शक शक्ति के रूप में विकसित किया जाए।

1. आत्म-संदेह और आत्म-विश्वास की कमी

एक आम मानसिक अवरोध आत्म-संदेह और आत्मविश्वास की कमी है। हमें अक्सर अपनी अंतर्ज्ञान पर सवाल उठता है और हम अपने निर्णय लेने की क्षमता में विश्वास खो देते हैं।

इसे कैसे दूर करें:

- अपनी सफलताओं को याद रखें: उन सभी समयों को याद करें जब आपने अपनी अंतर्ज्ञान को सुना और उसका पालन किया और सकारात्मक परिणाम प्राप्त किए। यह आपको अपने अंतर्ज्ञान पर भरोसा करने के लिए आत्मविश्वास बढ़ाने में मदद करेगा।

- अंतर्ज्ञान पर विश्वास विकसित करें: जैसे-जैसे आप अपनी अंतर्ज्ञान को सुनना और उस पर भरोसा करना शुरू करते हैं, आप देखेंगे कि यह आपको सही रास्ते पर ले जाता है। यह सफलता अंतर्ज्ञान की शक्ति में आपका विश्वास बढ़ाने में मदद करेगी।

अंतर्ज्ञान के विकास के लिए अभ्यास करें: ध्यान, जर्नलिंग और अन्य अभ्यासों के माध्यम से अपनी अंतर्ज्ञान को विकसित करने का प्रयास करें। यह आपको अपनी आंतरिक आवाज को सुनने में अधिक सहज होने में मदद करेगा।

2. डर का प्रभाव

हममें से कई लोग अपने निर्णयों के परिणामों से डरते हैं, खासकर जब यह कुछ नया या अनिश्चित करने की कोशिश करने की बात आती है। यह डर हमें अपनी अंतर्ज्ञान को सुनने और उसका पालन करने से रोक सकता है।

इसे कैसे दूर करें:

अपने डर को स्वीकार करें: डर को नकारने या दबाने की कोशिश करने के बजाय, उसे पहचानें और उसका सामना करें। यह आपको डर को नियंत्रित करने और उस पर काबू पाने में मदद करेगा।

छोटे से शुरू करें: यदि आप किसी बड़े बदलाव से डरते हैं, तो कुछ छोटे कदम उठाकर शुरू करें। यह आपको थोड़ा-थोड़ा करके अपने डर का सामना करने और अपनी अंतर्ज्ञान का पालन करने में मदद करेगा।

सहायता प्राप्त करें: यदि आप अपने डर को दूर करने के लिए संघर्ष कर रहे हैं, तो किसी मित्र, परिवार के सदस्य या चिकित्सक से बात करें। वे आपको डर को समझने और उस पर काबू पाने में मदद कर सकते हैं।

3. सीमित विश्वास

सीमित विश्वास नकारात्मक विचार और मान्यताएं हैं जो हमें अपनी क्षमताओं पर संदेह करने और अपने लक्ष्यों को प्राप्त करने से रोकती हैं।

इसे कैसे दूर करें:

- अपने सीमित विश्वासों को पहचानें: अपने आप को उन नकारात्मक विचारों और विश्वासों के बारे में सोचें जो आपको वापस पकड़ रहे हैं। उन्हें लिख लें और उनकी वैधता पर सवाल उठाएं।
- अपने विश्वासों को सकारात्मक में बदलें: अपने सीमित विश्वासों को सकारात्मक पुष्टि में बदल दें। उदाहरण के लिए, "मैं सफल नहीं हो सकता" को "मैं सफल होने में सक्षम हूं" में बदलें।
- अपने आप को सकारात्मक लोगों से घेरें: ऐसे लोगों के साथ खुद को घेरें जो आप पर विश्वास करते हैं

Chapter 4: Integrating Intuition with Logic

Chapter 4: अंतर्ज्ञान और तर्क का समन्वय

अंतर्ज्ञान और तर्क: एक संतुलित जीवन के लिए दो आवश्यक तत्व

हम सभी के अंदर दो शक्तिशाली शक्तियां होती हैं जो हमारे जीवन को दिशा देती हैं: अंतर्ज्ञान और तर्क। अंतर्ज्ञान हमें सूक्ष्म संकेतों को समझने और तर्क के दायरे से परे देखने में सक्षम बनाता है, जबकि तर्क हमें स्पष्ट रूप से सोचने और विश्लेषणात्मक निर्णय लेने में मदद करता है। हालांकि, इन दोनों शक्तियों के बीच संतुलन बनाना महत्वपूर्ण है।

जब हम अपने अंतर्ज्ञान को अकेले निर्णय लेने की अनुमति देते हैं, तो हम पक्षपात और भावनाओं के प्रभाव में आने का जोखिम उठाते हैं। दूसरी ओर, जब हम अपने तर्क पर अत्यधिक निर्भर होते हैं, तो हम अपने अंतर्ज्ञान की आवाज को अनदेखा कर सकते हैं और संभावित रूप से महत्वपूर्ण जानकारी को याद कर सकते हैं।

इसलिए, एक संपूर्ण और संतुलित जीवन जीने के लिए, हमें अपने अंतर्ज्ञान और तर्क को एकीकृत करना सीखना चाहिए। यह हमें सूक्ष्म संकेतों को समझने और तर्कसंगत रूप से विश्लेषण करने के बीच एक स्वस्थ संतुलन बनाने में सक्षम बनाता है।

अंतर्ज्ञान और तर्क को संतुलित करने के लाभ:

बेहतर निर्णय लेना: अंतर्ज्ञान हमें सूक्ष्म संकेतों को समझने और भविष्य के बारे में अंतर्दृष्टि प्राप्त करने में मदद कर सकता है, जबकि तर्क हमें सूचना का विश्लेषण करने और विभिन्न विकल्पों का वजन करने में मदद करता

है। जब हम इन दोनों शक्तियों को मिलाते हैं, तो हम सबसे अच्छे निर्णय लेने के लिए आवश्यक जानकारी और समझ प्राप्त कर सकते हैं।

- रचनात्मकता और नवाचार को बढ़ावा देना: अंतर्ज्ञान हमें नई संभावनाओं को देखने और रचनात्मक विचारों को जन्म देने में मदद कर सकता है, जबकि तर्क हमें उन विचारों को ठोस योजनाओं में बदलने और उन्हें कार्यान्वित करने के लिए व्यावहारिक कदम उठाने में मदद कर सकता है।

- संपूर्ण दृष्टिकोण प्राप्त करना: अंतर्ज्ञान हमें चीजों को महसूस करने में मदद करता है, जबकि तर्क हमें चीजों को समझने में मदद करता है। जब हम इन दोनों को संतुलित करते हैं, तो हम एक व्यापक दृष्टिकोण प्राप्त करते हैं जो हमें परिस्थितियों का गहराई से समझने और उनसे निपटने के लिए सबसे अच्छा तरीका निर्धारित करने में सक्षम बनाता है।

- आत्मविश्वास और आंतरिक शांति बढ़ाना: जब हम जानते हैं कि हमने अंतर्ज्ञान और तर्क का उपयोग करके एक निर्णय लिया है, तो हमें अपने चुनावों के बारे में अधिक आत्मविश्वास महसूस होता है। यह हमें अपने जीवन में अधिक शांति और संतुष्टि का अनुभव करने में सक्षम बनाता है।

अंतर्ज्ञान और तर्क को संतुलित करने के लिए रणनीतियाँ:

- अपनी अंतर्ज्ञान को विकसित करें: ध्यान, जर्नलिंग और प्रकृति में समय बिताने जैसी गतिविधियों के माध्यम से अपनी अंतर्ज्ञान को सुनने और उससे जुड़ने का अभ्यास करें।

- अपने विचारों का विश्लेषण करें: अपने निर्णयों के पीछे के तर्क पर ध्यान दें और देखें कि क्या वे तर्कसंगत और यथार्थवादी हैं।

- विभिन्न दृष्टिकोणों पर विचार करें: विभिन्न लोगों से बात करें और उनके विचारों को सुनें ताकि आप एक व्यापक दृष्टिकोण प्राप्त कर सकें।

अपने शरीर को सुनें: आपका शरीर आपको संकेत भी भेज सकता है। तनाव, चिंता या बेचैनी जैसी शारीरिक संवेदनाओं पर ध्यान दें, जो आपके अंतर्ज्ञान से संदेश हो सकते हैं।

प्रतिबिंबित करें और सीखें: अपने निर्णयों पर प्रतिबिंबित करने के लिए समय निकालें और देखें कि आप उनसे क्या सीख सकते हैं। यह आपको भविष्य में बेहतर निर्णय लेने में मदद करेगा।

अंतर्ज्ञान और तर्क: विभिन्न परिस्थितियों में कौन अधिक उपयुक्त है?

हमारे जीवन के हर पल में, हमें निर्णय लेने की आवश्यकता होती है। कुछ निर्णयों के लिए तर्क और विश्लेषण की आवश्यकता होती है, जबकि अन्य अंतर्ज्ञान और भावनाओं पर आधारित होते हैं। यह समझना महत्वपूर्ण है कि किन परिस्थितियों में अंतर्ज्ञान या तर्क का उपयोग करना अधिक उपयुक्त और प्रभावी है।

अंतर्ज्ञान के लिए उपयुक्त परिस्थितियाँ

- समय का दबाव: जब आपको जल्दी से निर्णय लेने की आवश्यकता होती है, तो अंतर्ज्ञान एक अमूल्य उपकरण हो सकता है। यह आपको तर्कसंगत विश्लेषण के लिए समय निकाले बिना सही रास्ते पर ले जा सकता है।

- अनिश्चितता और अपरिचित क्षेत्र: जब आप किसी स्थिति के बारे में अनिश्चित हों या किसी नए क्षेत्र में प्रवेश कर रहे हों, तो अंतर्ज्ञान आपको सूक्ष्म संकेतों को समझने और अंतर्दृष्टि प्राप्त करने में मदद कर सकता है जो तर्क के दायरे से परे हैं।

- रचनात्मक प्रक्रिया: कला, संगीत, लेखन और अन्य रचनात्मक प्रयासों में, अंतर्ज्ञान नई संभावनाओं को देखने और अभिनव विचारों को जन्म देने में महत्वपूर्ण भूमिका निभाता है।

- महत्वपूर्ण निर्णय: रिश्तों, करियर और हमारे जीवन के पाठ्यक्रम को प्रभावित करने वाले अन्य महत्वपूर्ण निर्णयों में, अंतर्ज्ञान हमें हमारे दिलों की सच्ची इच्छाओं और जरूरतों से जुड़ने में मदद कर सकता है।

तर्क के लिए उपयुक्त परिस्थितियाँ

- तथ्य-आधारित निर्णय: जब आपको निर्णय लेने के लिए ठोस तथ्यों और डेटा की आवश्यकता होती है, तो तर्क अत्यंत महत्वपूर्ण है। यह आपको

स्थिति का विश्लेषण करने और सबसे यथार्थवादी और तर्कसंगत निष्कर्ष पर पहुंचने में सक्षम बनाता है।

जटिल समस्याएं: जब आपको जटिल समस्याओं को सुलझाने की आवश्यकता होती है, तो तर्कसंगत विश्लेषण आवश्यक है। यह आपको विभिन्न विकल्पों का मूल्यांकन करने, संभावित परिणामों की भविष्यवाणी करने और सबसे प्रभावी समाधान चुनने में मदद करता है।

महत्वपूर्ण वित्तीय निर्णय: निवेश, संपत्ति खरीद और अन्य महत्वपूर्ण वित्तीय निर्णय लेते समय, तर्क और विस्तृत गणना आवश्यक होती है। यह आपको जोखिमों को कम करने और अपने वित्तीय लक्ष्यों को प्राप्त करने की संभावना बढ़ाने में मदद करता है।

महत्वपूर्ण कानूनी या नैतिक निर्णय: जब आपको कानूनी या नैतिक रूप से जटिल मुद्दों से निपटना होता है, तो स्पष्ट और तर्कसंगत सोच आवश्यक होती है। यह आपको सही निर्णय लेने में मदद करता है जो कानून और नैतिकता के सिद्धांतों का पालन करता है।

अंतर्ज्ञान और तर्क के बीच एक स्वस्थ संतुलन बनाना

यह ध्यान रखना महत्वपूर्ण है कि अंतर्ज्ञान और तर्क एक दूसरे के विरोधी नहीं हैं। वास्तव में, वे एक दूसरे को पूरक करते हैं और हमें सबसे अच्छे निर्णय लेने में मदद करने के लिए एक साथ काम करते हैं। किसी भी परिस्थिति में, अंतर्ज्ञान और तर्क के बीच एक स्वस्थ संतुलन बनाना महत्वपूर्ण है।

यहां कुछ युक्तियां हैं जो आपको अंतर्ज्ञान और तर्क के बीच संतुलन बनाने में मदद कर सकती हैं:

अपनी अंतर्ज्ञान को सुनें: ध्यान, जर्नलिंग और अन्य अभ्यासों के माध्यम से अपनी अंतर्ज्ञान को विकसित करने का प्रयास करें।

- अपने विचारों को व्यवस्थित करें: माइंड मैपिंग या फ्री राइटिंग जैसी तकनीकों का उपयोग करके अपने विचारों और भावनाओं को व्यवस्थित करें।
- सूक्ष्म संकेतों पर ध्यान दें: अपने शरीर, अपने परिवेश और अपने अंतर्ज्ञान की आवाज से आने वाले सूक्ष्म संकेतों पर ध्यान दें।

अंतर्ज्ञान से परे: आलोचनात्मक सोच कौशल विकसित करना

अंतर्ज्ञान एक शक्तिशाली उपकरण है जो हमें जीवन के विभिन्न क्षेत्रों में मार्गदर्शन और सहायता प्रदान कर सकता है। हालांकि, यह अकेले निर्णय लेने के लिए पर्याप्त नहीं है। अंतर्ज्ञान अक्सर भावनाओं और व्यक्तिगत अनुभवों से प्रभावित होता है, जिससे पक्षपातपूर्ण निर्णय हो सकते हैं। इसलिए, अंतर्ज्ञान के साथ-साथ आलोचनात्मक सोच कौशल विकसित करना भी उतना ही महत्वपूर्ण है।

आलोचनात्मक सोच का अर्थ है जानकारी का विश्लेषण करने, तर्क को पहचानने और विभिन्न दृष्टिकोणों पर विचार करने की क्षमता। यह आपको अपने अंतर्ज्ञान से प्राप्त अंतर्दृष्टि का मूल्यांकन करने और यह निर्धारित करने में मदद करता है कि क्या वे तर्कसंगत, यथार्थवादी और कार्रवाई योग्य हैं।

आपके अंतर्ज्ञान से प्राप्त अंतर्दृष्टि का मूल्यांकन करने के लिए यहां कुछ महत्वपूर्ण आलोचनात्मक सोच कौशल हैं:

1. तर्क की पहचान करना: अपने अंतर्ज्ञान से प्राप्त अंतर्दृष्टि के पीछे क्या तर्क है? क्या यह तर्क तर्कसंगत और यथार्थवादी है? क्या यह आपके व्यक्तिगत अनुभवों या पूर्वाग्रहों से प्रभावित है?

2. साक्ष्य की तलाश: अपने अंतर्ज्ञान से प्राप्त अंतर्दृष्टि का समर्थन करने के लिए क्या सबूत हैं? क्या डेटा या अनुभव हैं जो आपके अंतर्ज्ञान के साथ संरेखित हैं?

3. विभिन्न दृष्टिकोणों पर विचार करना: अपने निर्णय को पूर्वाग्रह से मुक्त रखने के लिए, विभिन्न दृष्टिकोणों पर विचार करना महत्वपूर्ण है। दूसरों को कैसे पता है? क्या कोई डेटा या अनुभव है जो आपके अंतर्ज्ञान के विपरीत है?

4. संभावित परिणामों की भविष्यवाणी करना: अपने अंतर्ज्ञान के अनुसार निर्णय लेने के संभावित परिणाम क्या हैं? क्या ये परिणाम स्वीकार्य और वांछनीय हैं?

5. अंतर्ज्ञान पर निर्भरता को कम करना: अंतर्ज्ञान एक शक्तिशाली मार्गदर्शक हो सकता है, लेकिन यह अकेले पर्याप्त नहीं है। जानकारी का विश्लेषण करने और तर्कसंगत निर्णय लेने के लिए तर्क और आलोचनात्मक सोच कौशल का उपयोग करने के साथ-साथ अंतर्ज्ञान को ध्यान में रखना महत्वपूर्ण है।

6. अपने निर्णयों पर प्रतिबिंबित करना: निर्णय लेने के बाद, यह प्रतिबिंबित करने के लिए कुछ समय निकालें कि क्या यह सही निर्णय था। क्या आपके अंतर्ज्ञान ने आपको सही दिशा में निर्देशित किया? क्या आप भविष्य में निर्णय लेने के लिए अपने आलोचनात्मक सोच कौशल में सुधार कर सकते हैं?

अंतर्ज्ञान और आलोचनात्मक सोच कौशल को एक साथ विकसित करना महत्वपूर्ण है ताकि आप संतुलित और विचारशील निर्णय ले सकें। ऐसा करने से, आप अपने जीवन में अधिक सफलता और खुशी प्राप्त कर सकते हैं।

यहां कुछ अभ्यास हैं जो आपको अपने आलोचनात्मक सोच कौशल को विकसित करने में मदद कर सकते हैं:

- वर्तमान घटनाओं पर बहस सुनें या पढ़ें।
- नए विषयों के बारे में पढ़ें और विभिन्न दृष्टिकोणों पर विचार करें।
- अपने आप से सवाल पूछें कि आप चीजों को क्यों मानते हैं।
- अपने विचारों को दूसरों के साथ साझा करें और उनसे प्रतिक्रिया प्राप्त करें।

तर्क और दलीलों को पहचानने का अभ्यास करें।

स्थितियों के बारे में कई तरह के दृष्टिकोणों पर विचार करें।

अपने अंतर्ज्ञान पर भरोसा करें, लेकिन इसे तर्क और साक्ष्य के साथ संतुलित करें।

अंतर्ज्ञान, साक्ष्य-आधारित जानकारी और डेटा विश्लेषण: एक शक्तिशाली संयोजन

आज की जटिल दुनिया में, साक्ष्य-आधारित जानकारी और डेटा विश्लेषण महत्वपूर्ण भूमिका निभाते हैं। डेटा हमें सूचना का खजाना देता है, पैटर्न और रुझानों को उजागर करता है, और हमें तथ्यों और आंकड़ों के आधार पर निर्णय लेने में सक्षम बनाता है। हालाँकि, डेटा अकेले पर्याप्त नहीं है। सफलता के लिए, हमें अपने अंतर्ज्ञान को शामिल करने की आवश्यकता है, जो हमें तर्क के दायरे से परे देखने और सूक्ष्म संकेतों को समझने में सक्षम बनाता है।

अंतर्ज्ञान और साक्ष्य-आधारित जानकारी को एकीकृत करने के लाभ:

- बेहतर निर्णय लेना: डेटा से प्राप्त जानकारी हमें तर्कसंगत निर्णय लेने में मदद करती है, जबकि अंतर्ज्ञान हमें सूक्ष्म संकेतों को समझने और संभावित जोखिमों और अवसरों को देखने में मदद करता है। दोनों को संयोजित करने से, हम अधिक सूचित और समग्र निर्णय ले सकते हैं।

- रचनात्मकता और नवाचार को बढ़ावा देना: डेटा हमें रचनात्मकता के लिए एक मंच प्रदान करता है, जबकि अंतर्ज्ञान हमें नए विचारों और संभावनाओं को देखने में सक्षम बनाता है। डेटा और अंतर्ज्ञान का संयोजन नए उत्पादों, सेवाओं और समाधानों को विकसित करने के लिए एक शक्तिशाली बल हो सकता है।

- अनिश्चितता और अपरिचित क्षेत्रों में नेविगेट करना: जब अनिश्चितता का सामना करना पड़ता है, तो डेटा हमें एक ठोस आधार प्रदान करता है, जबकि अंतर्ज्ञान हमें सूक्ष्म संकेतों को समझने और संभावित अवसरों और जोखिमों को देखने में मदद करता है। दोनों का संयोजन हमें अपरिचित क्षेत्रों में अधिक आत्मविश्वास और सफलता के साथ नेविगेट करने में सक्षम बनाता है।

आत्मविश्वास और आंतरिक शांति बढ़ाना: जब हम जानते हैं कि हमने डेटा और अंतर्ज्ञान दोनों को ध्यान में रखकर निर्णय लिया है, तो हमें अपने चुनावों के बारे में अधिक आत्मविश्वास महसूस होता है। यह हमें अपने जीवन में अधिक शांति और संतुष्टि का अनुभव करने में सक्षम बनाता है।

अंतर्ज्ञान और साक्ष्य-आधारित जानकारी को एकीकृत करने के लिए रणनीतियाँ:

विभिन्न स्रोतों से डेटा एकत्र करें: अपनी अंतर्ज्ञान को सूचित करने के लिए विभिन्न डेटा स्रोतों का उपयोग करना महत्वपूर्ण है। यह आपको एक व्यापक दृष्टिकोण प्राप्त करने और संभावित पूर्वाग्रहों से बचने में मदद करेगा।

डेटा का विश्लेषण करें और समझें: डेटा से अंतर्दृष्टि प्राप्त करने के लिए, डेटा विश्लेषण तकनीकों का उपयोग करना और इसकी व्याख्या करने में सक्षम होना आवश्यक है।

अपनी अंतर्ज्ञान सुनें: डेटा विश्लेषण करते समय, अपनी अंतर्ज्ञान को ध्यान में रखना महत्वपूर्ण है। सूक्ष्म संकेतों को सुनें और अपने अंतर्ज्ञान को बताएं कि क्या कोई डेटा बिंदु गलत लगता है या यदि कोई महत्वपूर्ण जानकारी गायब है।

दोनों को संतुलित करें: अंतर्ज्ञान और डेटा के बीच एक स्वस्थ संतुलन बनाना महत्वपूर्ण है। अकेले डेटा पर भरोसा न करें, लेकिन साथ ही, अपनी अंतर्ज्ञान को तर्क और साक्ष्य के साथ संतुलित रखें।

संचार और सहयोग: विभिन्न लोगों के साथ डेटा और अंतर्दृष्टि साझा करने से आपको विभिन्न दृष्टिकोणों पर विचार करने और अधिक समग्र निर्णय लेने में मदद मिल सकती है।

अंतर्ज्ञान और साक्ष्य-आधारित जानकारी को एकीकृत करने की प्रक्रिया एक यात्रा है, न कि गंतव्य। अभ्यास और अनुभव के साथ, आप डेटा और

अंतर्ज्ञान के बीच संतुलन बनाने और उन दोनों का लाभ उठाकर अपने जीवन के सभी क्षेत्रों में सफलता प्राप्त करने में सक्षम होंगे।

अंतर्ज्ञान के जाल और अवसर: इसे पूरी तरह से अनदेखा करने या केवल इस पर निर्भर रहने के खतरे

हम सभी को दो शक्तिशाली उपकरणों का उपहार दिया गया है: अंतर्ज्ञान और तर्क। ये दोनों उपकरण हमें दुनिया को समझने और अपने जीवन में मार्गदर्शन प्राप्त करने में मदद करते हैं।

हालांकि, कई लोग या तो अंतर्ज्ञान को पूरी तरह से अनदेखा कर देते हैं, इसे केवल एक अंधा धब्बा मानते हैं, या वे पूरी तरह से इसके अधीन हो जाते हैं, तर्क और कारण को हवा में फेंक देते हैं। दोनों ही दृष्टिकोण खतरनाक हो सकते हैं और हमें गंभीर गलतियों की ओर ले जा सकते हैं।

अंतर्ज्ञान की उपेक्षा करने के खतरे

अवसरों को याद करना: अंतर्ज्ञान अक्सर हमें सूक्ष्म संकेहों और अवसरों को देखने में मदद करता है जो तर्क के दायरे से परे हैं। इसे अनदेखा करने से हम संभावित रूप से जीवन बदलने वाले अवसरों को याद कर सकते हैं।

गलत निर्णय लेना: तर्क और डेटा के बिना, हम पक्षपात और भावनाओं से प्रभावित हो सकते हैं, जिससे खराब निर्णय हो सकते हैं।

जीवन से कनेक्शन खोना: अंतर्ज्ञान हमें हमारे मूल्यों, इच्छाओं और जरूरतों से जुड़ने में मदद करता है। इसे अनदेखा करने से हम अपने जीवन के बारे में असंतुष्ट और निराश महसूस कर सकते हैं।

केवल अंतर्ज्ञान पर निर्भर रहने के खतरे

तर्कहीन निर्णय लेना: अंतर्ज्ञान हमें सूक्ष्म संकेहों को समझने में मदद कर सकता है, लेकिन यह हमें पूरी तस्वीर नहीं दे सकता है। केवल अंतर्ज्ञान पर निर्भर रहने से तर्कहीन और गैर-जिम्मेदार निर्णय हो सकते हैं।

- पक्षपात और पूर्वाग्रह: अंतर्ज्ञान हमारे व्यक्तिगत अनुभवों और विश्वासों से प्रभावित होता है, जो पक्षपातपूर्ण निर्णयों का कारण बन सकता है।
- जोखिमों को अनदेखा करना: केवल अंतर्ज्ञान पर निर्भर रहने से हम महत्वपूर्ण जानकारी को अनदेखा कर सकते हैं और संभावित जोखिमों को नजरअंदाज कर सकते हैं।

अंतर्ज्ञान और तर्क के बीच संतुलन बनाना

सफलता और संतुष्टि के लिए, अंतर्ज्ञान और तर्क के बीच एक स्वस्थ संतुलन बनाना आवश्यक है। यह हमें सूक्ष्म संकेहों को समझने और तर्कसंगत विश्लेषण करने के बीच एक मध्यस्थता बिंदु खोजने में सक्षम बनाता है।

यहां कुछ सुझाव दिए गए हैं जो आपको अंतर्ज्ञान और तर्क के बीच संतुलन बनाने में मदद कर सकते हैं:

- अपने अंतर्ज्ञान को विकसित करें: ध्यान, जर्नलिंग और प्रकृति में समय बिताने जैसी गतिविधियों का अभ्यास करके अपने अंतर्ज्ञान को सुनने और उससे जुड़ने का प्रयास करें।
- अपने विचारों का विश्लेषण करें: अपने निर्णयों के पीछे के तर्क पर ध्यान दें और देखें कि क्या वे तर्कसंगत और यथार्थवादी हैं।
- विभिन्न दृष्टिकोणों पर विचार करें: विभिन्न लोगों से बात करें और उनके विचारों को सुनें ताकि आप एक व्यापक दृष्टिकोण प्राप्त कर सकें।
- अपने शरीर को सुनें: आपका शरीर भी आपको संकेत भेज सकता है। तनाव, चिंता या बेचैनी जैसी शारीरिक संवेदनाओं पर ध्यान दें, जो आपके अंतर्ज्ञान से संदेश हो सकते हैं।

प्रतिबिंबित करें और सीखें: अपने निर्णयों पर प्रतिबिंबित करने के लिए समय निकालें और देखें कि आप उनसे क्या सीख सकते हैं। यह आपको भविष्य में बेहतर निर्णय लेने में मदद करेगा।

याद रखें, अंतर्ज्ञान और तर्क दोनों ही महत्वपूर्ण उपकरण हैं जो हमें जीवन में मार्गदर्शन प्रदान करते हैं। जब हम इन दोनों को संतुलित करते हैं, तो हम अधिक समझदारी से निर्णय ले सकते हैं, अधिक सफल हो सकते हैं, और जीवन में अधिक संतुष्ट महसूस कर सकते हैं।

Chapter 5: Cultivating Trust and Confidence

Chapter 5: विश्वास और आत्मविश्वास का पोषण

अंतर्ज्ञान में विश्वास और आत्मविश्वास का निर्माण

अपने अंतर्ज्ञान पर भरोसा करना जीवन के सबसे चुनौतीपूर्ण और पुरस्कृत कार्यों में से एक है। यह आपको तर्क के दायरे से परे देखने, सूक्ष्म संकेतों को समझने और अपने जीवन के सही रास्ते पर जाने की शक्ति देता है। हालाँकि, कई लोगों को अपने अंतर्ज्ञान में विश्वास करने में कठिनाई होती है, अक्सर इसे एक अविश्वसनीय भावना या केवल एक अंधे धब्बे के रूप में खारिज कर देते हैं।

अंतर्ज्ञान में विश्वास और आत्मविश्वास का निर्माण एक सतत यात्रा है, लेकिन यह एक ऐसी यात्रा है जो आपके जीवन में असाधारण लाभ ला सकती है। यहां कुछ कदम दिए गए हैं जो आपको अपने अंतर्ज्ञान में विश्वास और आत्मविश्वास का निर्माण करने में मदद कर सकते हैं:

1. अपने अंतर्ज्ञान को सुनें: पहला और सबसे महत्वपूर्ण कदम अपने अंतर्ज्ञान को सुनना है। ध्यान, जर्नलिंग और प्रकृति में बिताए गए समय जैसी गतिविधियों के माध्यम से अपने अंतर्ज्ञान के साथ जुड़ने का अभ्यास करें। अपने विचारों, भावनाओं और शरीर की संवेदनाओं पर ध्यान दें, क्योंकि ये आपके अंतर्ज्ञान के संदेश हो सकते हैं।

2. अपने अंतर्ज्ञान पर ध्यान दें: जब आप अपने अंतर्ज्ञान से एक संदेश प्राप्त करते हैं, तो उसे नजरअंदाज न करें। इसके बजाय, उस पर ध्यान दें और देखें कि यह आपको क्या बता रहा है। पूछें कि क्या संदेश तर्कसंगत है या क्या यह किसी विशिष्ट स्थिति या परिस्थिति से संबंधित है।

3. अपने अंतर्ज्ञान का परीक्षण करें: अपने अंतर्ज्ञान का परीक्षण करने के लिए छोटे-छोटे तरीकों से शुरू करें। उदाहरण के लिए, यदि आप किसी नए रेस्तरां में जाने के बारे में अनिश्चित हैं, तो अपने अंतर्ज्ञान का पालन करें और देखें कि यह आपको क्या बताता है। यदि आपका अंतर्ज्ञान आपको जाने के लिए प्रेरित करता है, तो ऐसा करें और देखें कि क्या आपका अनुभव सकारात्मक है।

4. अपने अंतर्ज्ञान का दस्तावेजीकरण करें: अपने अंतर्ज्ञान से प्राप्त होने वाले संदेशों को लिखें। यह आपको समय के साथ अपने अंतर्ज्ञान की सटीकता को ट्रैक करने में मदद करेगा और आपको अपने अंतर्ज्ञान में अधिक विश्वास दिलाएगा।

5. अपनी सफलताओं को जश्न मनाएं: जब आप अपने अंतर्ज्ञान का पालन करते हैं और सकारात्मक परिणाम प्राप्त करते हैं, तो अपनी सफलताओं को जश्न मनाने के लिए समय निकालें। यह आपको अपने अंतर्ज्ञान पर भरोसा करने की शक्ति को याद दिलाएगा और आपको भविष्य में ऐसा करने के लिए प्रोत्साहित करेगा।

6. नकारात्मक आत्म-चर्चा को चुनौती दें: जब आप अपने अंतर्ज्ञान के संदेशों पर संदेह करते हैं, तो अपने आप को नकारात्मक रूप से बात करने से रोकें। इसके बजाय, सकारात्मक पुष्टि का प्रयोग करें और अपने आप को याद दिलाएं कि आपका अंतर्ज्ञान आपको सही दिशा में ले जा सकता है।

7. दूसरों से प्रेरणा लें: ऐसे लोगों की कहानियाँ पढ़ें और सुनें, जिन्होंने अपने अंतर्ज्ञान का पालन करके सफलता हासिल की है। यह आपको अपने स्वयं के अंतर्ज्ञान पर भरोसा करने और इसे अपने जीवन में मार्गदर्शक प्रकाश के रूप में उपयोग करने के लिए प्रेरित करेगा।

8. धैर्य रखें: अंतर्ज्ञान में विश्वास और आत्मविश्वास का निर्माण समय और धैर्य लेता है। अपने आप को निराश न करें और प्रक्रिया को जल्दी करने की कोशिश न करें। बस अपने अंतर्ज्ञान को सुनना जारी रखें, इसे परीक्षण करें, और अपनी सफलताओं को जश्न मनाएं। समय के साथ, आप अपने अंतर्ज्ञान पर अधिक भरोसा करने लगेंगे और देखेंगे कि यह आपको अपने जीवन के सभी क्षेत्रों में मार्गदर्शन कैसे प्रदान कर सकता है।

असफलता के डर और नकारात्मक आत्म-चर्चा पर विजय: अपने आप को सीमित विश्वासों से मुक्त करें

असफलता का डर और नकारात्मक आत्म-चर्चा दो सबसे बड़े दुश्मन हैं जो हमें अपने लक्ष्यों को प्राप्त करने और अपने जीवन में पूरी क्षमता तक पहुंचने से रोकते हैं। ये आंतरिक बाधाएं हमें जोखिम लेने से रोकती हैं, हमें सफलता से डराती हैं, और हमें अपने बारे में नकारात्मक विचारों के दुष्चक्र में फंसाती हैं।

लेकिन इन बाधाओं को दूर किया जा सकता है। असफलता के डर और नकारात्मक आत्म-चर्चा पर विजय प्राप्त करके, आप अपने जीवन पर नियंत्रण पा सकते हैं और अपने सपनों को साकार करने का मार्ग प्रशस्त कर सकते हैं।

असफलता के डर को दूर करने के लिए:

असफलता को एक सीखने के अनुभव के रूप में देखें: असफलता को एक बाधा के रूप में देखने के बजाय, इसे एक सीखने के अवसर के रूप में देखें। प्रत्येक असफलता से आप कुछ नया सीख सकते हैं और अपने कौशल और क्षमताओं को विकसित कर सकते हैं।

अपने आप को असफलता से बचाने की कोशिश करना बंद करें: विफलता से बचने की कोशिश करना आपको रुकने और अपने लक्ष्यों को प्राप्त करने का प्रयास करने से रोक सकता है। इसके बजाय, असफलता को स्वीकार करने और उससे सीखने के लिए तैयार रहें।

सफलता की कहानियों को सुनें और पढ़ें: दूसरों की सफलता की कहानियों को सुनने और पढ़ने से आपको प्रेरणा मिलेगी और आपको विश्वास होगा कि आप भी अपने लक्ष्यों को प्राप्त कर सकते हैं।

- अपने आप को सकारात्मक लोगों से घेरें: सकारात्मक और सहायक लोगों के साथ खुद को घेरने से आपको नकारात्मक विचारों को दूर करने और अपने आप में अधिक विश्वास करने में मदद मिल सकती है।
- अपने डर को स्वीकार करें और उसका सामना करें: अपने डर को स्वीकार करना और उसका सामना करना ही उसे दूर करने का पहला कदम है। अपने डर के बारे में लिखें, उन पर बात करें, और उन्हें समझने का प्रयास करें।

नकारात्मक आत्म-चर्चा पर काबू पाने के लिए:

- अपने नकारात्मक विचारों को पहचानें और उन्हें चुनौती दें: अपने नकारात्मक विचारों को पहचानने के लिए समय निकालें और देखें कि क्या वे तर्कसंगत हैं। उन विचारों को चुनौती दें जो सत्य या सहायक नहीं हैं।
- अपने आप से सकारात्मक रूप से बात करें: अपने आप से सकारात्मक और उत्साहजनक तरीके से बात करें। अपने आप को बताएं कि आप सक्षम हैं, योग्य हैं और सफल होने के लायक हैं।
- अपनी सफलताओं का जश्न मनाएं: अपनी सफलताओं को बड़ा या छोटा, मनाएं। यह आपको अपने बारे में अच्छा महसूस करने और अपने आत्मविश्वास को बढ़ाने में मदद करेगा।
- दूसरों के साथ खुद की तुलना न करें: दूसरों के साथ खुद की तुलना करने से हीन भावना पैदा हो सकती है और आपके आत्मविश्वास को कम किया जा सकता है। अपनी यात्रा पर ध्यान केंद्रित करें और अपनी तुलना केवल अपने पुराने स्वयं से करें।
- दयालुता और करुणा का अभ्यास करें: अपने आप के प्रति दयालु और करुणामय बनें। हर किसी को असफलताएं होती हैं और गलतियों का सामना करना पड़ता है। अपने आप को उन गलतियों के लिए न मारें, बल्कि खुद को क्षमा करें और आगे बढ़ें।

असफलता के डर और नकारात्मक आत्म-चर्चा को दूर करना एक सतत प्रक्रिया है। इन युक्तियों को ध्यान में रखते हुए और निरंतर प्रयास के साथ, आप इन बाधाओं को दूर कर सकते हैं और अपने जीवन में अधिक सफलता और खुशी प्राप्त कर सकते हैं।

सफलताओं का जश्न मनाना और गलतियों से सीखना: एक पूर्ण जीवन की नींव

जीवन एक यात्रा है जिसमें खुशियां और चुनौतियां दोनों शामिल हैं। हम सफलता के शिखरों को छूते हैं और असफलता के निचले स्तरों में गिरते हैं। लेकिन यह सब हमारे जीवन की समृद्धि में योगदान देता है। सफलताओं का जश्न मनाना और गलतियों से सीखना दो ऐसे महत्वपूर्ण कौशल हैं जो हमें इस यात्रा को पूरी तरह से जीने में सक्षम बनाते हैं।

सफलताओं का जश्न मनाना महत्वपूर्ण क्यों है?

- प्रेरणा को बढ़ावा देता है: जब हम अपनी सफलताओं को स्वीकार करते हैं और उनका जश्न मनाते हैं, तो यह हमें आगे बढ़ने और और अधिक हासिल करने के लिए प्रेरित करता है। यह एक सकारात्मक चक्र बनाता है जिससे अधिक सफलता मिलती है।

- आत्मविश्वास बढ़ाता है: सफलताओं का जश्न मनाने से हमें अपने आप में विश्वास बढ़ता है। यह हमें याद दिलाता है कि हम सक्षम हैं और लक्ष्यों को प्राप्त कर सकते हैं।

- आभार का भाव पैदा करता है: जब हम अपनी सफलताओं के लिए आभारी होते हैं, तो यह जीवन में हमारे पास मौजूद अच्छे के बारे में अधिक सकारात्मक दृष्टिकोण बनाता है।

- रिश्तों को मजबूत करता है: सफलता को साझा करने से मित्रों और परिवार के साथ संबंध मजबूत होते हैं। यह हमें एक दूसरे के साथ जुड़ने और एक दूसरे की खुशी में भाग लेने का अवसर देता है।

गलतियों से सीखना क्यों जरूरी है?

विकास को बढ़ावा देता है: गलतियों से सीखना हमें अपनी कमजोरियों को पहचानने और उन पर काम करने का अवसर देता है। इससे हमें सुधार करने और भविष्य में बेहतर निर्णय लेने में मदद मिलती है।

लचीलापन बढ़ाता है: जीवन में चुनौतियों का सामना करना अपरिहार्य है। गलतियों से सीखना हमें अधिक लचीला बनने में मदद करता है, जिससे हम मुश्किल परिस्थितियों का सामना कर सकते हैं और वापस उठ सकते हैं।

नए अवसरों को खोलता है: कभी-कभी, गलतियाँ हमें अप्रत्याशित रास्तों पर ले जा सकती हैं, जो हमें पहले नहीं पता थे। ये रास्ते नए अवसरों और अनुभवों को जन्म दे सकते हैं।

विनम्रता सिखाता है: गलतियाँ हमें यह समझने में मदद करती हैं कि हम अचूक नहीं हैं। यह हमें विनम्र बनाता है और दूसरों के प्रति अधिक सहानुभूति रखने में सक्षम बनाता है।

सफलताओं का जश्न मनाने और गलतियों से सीखने के लिए कुछ सुझाव:

अपनी सफलताओं को पहचानें और उनका दस्तावेजीकरण करें: बड़ी या छोटी, अपनी सभी सफलताओं को पहचानना और उन्हें लिखना या डायरी में रखना महत्वपूर्ण है। यह आपको समय के साथ अपनी प्रगति को ट्रैक करने और अपनी उपलब्धियों पर गर्व करने में मदद करेगा।

अपनी सफलताओं को दूसरों के साथ साझा करें: अपने करीबी लोगों के साथ अपनी सफलताओं को साझा करने से आप उनका आनंद बढ़ा सकते हैं और उनसे प्रोत्साहन प्राप्त कर सकते हैं।

अपनी गलतियों को स्वीकार करें और उनका विश्लेषण करें: गलती करने पर खुद को मत मारो। इसके बजाय, अपनी गलती को स्वीकार करें और इससे सीखने का प्रयास करें। गलती क्या थी, इसके कारण क्या थे, और आप भविष्य में इसे कैसे रोक सकते हैं, इस पर विचार करें।

- गलतियों को सीखने के अवसरों के रूप में देखें: हर गलती से सीखने का मौका होता है। इस अवसर को गलती को सुधारने और भविष्य में बेहतर करने के लिए उपयोग करें।

अपने अंतर्ज्ञान पर भरोसा करने के लिए सहायक वातावरण का निर्माण

आज की तेज़-तर्रार दुनिया में, तर्क और विश्लेषण को अक्सर प्राथमिकता दी जाती है। लेकिन हमारे अंतर्ज्ञान, वह सूक्ष्म आंतरिक आवाज, जो हमें तर्क के दायरे से परे देखने में सक्षम बनाती है, जीवन में सफलता और खुशी के लिए अविश्वसनीय रूप से महत्वपूर्ण है।

हालांकि, कई लोग अपने अंतर्ज्ञान पर भरोसा करना मुश्किल मानते हैं। उनके पास इसे सुनने और समझने के लिए उपकरण नहीं हो सकते हैं, या वे ऐसे वातावरण में रह सकते हैं जो अंतर्ज्ञान को महत्वहीन मानते हैं।

लेकिन अच्छी खबर यह है कि अपने अंतर्ज्ञान पर भरोसा करने के लिए सहायक वातावरण का निर्माण करना संभव है। यहां कुछ कदम दिए गए हैं जो आप उठा सकते हैं:

1. अपने आप को सकारात्मक लोगों से घेरें: जो लोग सकारात्मक और उत्साहजनक हैं, वे आपको अपने अंतर्ज्ञान पर भरोसा करने के लिए प्रेरित करेंगे। वे आपके विचारों और भावनाओं को महत्व देंगे और आपको अपने अंतर्ज्ञान का पालन करने के लिए प्रेरित करेंगे।

2. रचनात्मकता और आत्म-अभिव्यक्ति को प्रोत्साहित करें: ऐसे वातावरण का निर्माण करें जो आपके रचनात्मक पक्ष को पोषित करता हो। कला, संगीत, प्रकृति का आनंद लें, और ऐसे शौक में भाग लें जो आपको अपने अंतर्ज्ञान में ट्यून करने में मदद करें।

3. प्रश्न पूछने के लिए स्वतंत्र महसूस करें: अपने अंतर्ज्ञान को समझने में सहायता के लिए प्रश्न पूछने से न डरें। अपने आप से पूछें कि आप कैसा महसूस कर रहे हैं, क्या आपको कोई संकेत मिल रहे हैं, और आपकी आंत आपको क्या बता रही है।

4. ध्यान और जर्नलिंग का अभ्यास करें: ध्यान और जर्नलिंग आपके अंतर्ज्ञान से जुड़ने के शक्तिशाली उपकरण हैं। ध्यान आपको अपने विचारों को शांत करने और अपने आंतरिक आवाज को सुनने में मदद करता है, जबकि जर्नलिंग आपको अपने विचारों और भावनाओं को संसाधित करने और अपने अंतर्ज्ञान के संदेशों को समझने में मदद करता है।

5. गलतियों को सीखने के अवसरों के रूप में देखें: अपने अंतर्ज्ञान पर भरोसा करना सीखने की प्रक्रिया है। आप कभी-कभी गलतियाँ करेंगे, लेकिन यह ठीक है। अपनी गलतियों से सीखें और भविष्य में बेहतर निर्णय लेने के लिए उनका उपयोग करें।

6. अपने अंतर्ज्ञान के प्रति कृतज्ञता व्यक्त करें: जब आपका अंतर्ज्ञान आपको सही दिशा में ले जाता है, तो इसे स्वीकार करना और इसके लिए आभारी होना महत्वपूर्ण है। यह आपको अपने अंतर्ज्ञान पर भरोसा करने और इसे अपने जीवन में मार्गदर्शक शक्ति के रूप में उपयोग करने के लिए प्रोत्साहित करेगा।

7. दूसरों का सम्मान करें, भले ही उनकी राय आपसे अलग हो: हर किसी का अपना अंतर्ज्ञान होता है, और यह आपके अंतर्ज्ञान से अलग हो सकता है। अपने आप से और दूसरों से भिन्न होने के लिए स्वतंत्र महसूस करें, और दूसरों के अंतर्ज्ञान का सम्मान करें, भले ही आप इससे सहमत न हों।

ध्यान रखें कि सहायक वातावरण का निर्माण एक सतत प्रक्रिया है। आपको इसे बनाने और बनाए रखने के लिए लगातार प्रयास करने की आवश्यकता है। लेकिन समय और प्रयास के साथ, आप एक ऐसा वातावरण बना सकते हैं जो आपको अपने अंतर्ज्ञान पर भरोसा करने और अपने जीवन में पूरी क्षमता तक पहुंचने में सहायता करता है।

अपने अंतर्ज्ञान पर भरोसा करना आपके जीवन को बेहतर बनाने के सबसे शक्तिशाली तरीकों में से एक है। यह आपको बेहतर निर्णय लेने, चुनौतियों का सामना करने और अपने जीवन का उद्देश्य खोजने में मदद कर सकता है। तो आज ही सहायक वातावरण का निर्माण शुरू करें और अपने अंतर्ज्ञान को फलने-फूलने दें।

अंतर्ज्ञान की शक्ति: प्रेरणादायक कहानियां

हम सभी के अंदर एक अविश्वसनीय रूप से शक्तिशाली उपकरण छिपा है - हमारा अंतर्ज्ञान। यह वह सूक्ष्म आंतरिक आवाज है जो हमें तर्क के दायरे से परे देखने, संकेतों को समझने और अपने जीवन में सही दिशा में आगे बढ़ने में सक्षम बनाती है। इतिहास भर में, असाधारण व्यक्तियों ने अपने अंतर्ज्ञान को सफलता के शिखर तक पहुँचने में मदद करने के लिए एक मार्गदर्शक शक्ति के रूप में इस्तेमाल किया है।

यहां कुछ प्रेरणादायक कहानियां हैं जो अंतर्ज्ञान की शक्ति को दर्शाती हैं:

1. स्टीव जॉब्स: Apple के सह-संस्थापक, स्टीव जॉब्स, अपने अंतर्ज्ञान को सुनने के लिए जाने जाते थे। उन्होंने कहा, "आप जो भी करते हैं, उसका एक अंतर्निहित अर्थ होना चाहिए।" यह विश्वास उनके उत्पादों के डिजाइन और Apple के अभिनव दृष्टिकोण को रेखांकित करता है।

2. अलबर्ट आइंस्टीन: भौतिकी के दिग्गज, अल्बर्ट आइंस्टीन ने भी अपने अंतर्ज्ञान को महत्व दिया। उन्होंने कहा, "तर्क आपको बिंदु A से बिंदु B तक ले जाएगा। कल्पना आपको कहीं भी ले जाएगी।" उनका अंतर्ज्ञान उनके क्रांतिकारी विचारों के पीछे एक महत्वपूर्ण शक्ति थी, जिसने हमारी दुनिया को बदल दिया।

3. ओपरा विनफ्रे: विश्व प्रसिद्ध टॉक शो होस्ट, ओपरा विनफ्रे, अपने सहज ज्ञान पर भरोसा करने के लिए भी जानी जाती हैं। उन्होंने कहा, "मेरे जीवन में सबसे महत्वपूर्ण निर्णय मेरे अंतर्ज्ञान के आधार पर किए गए हैं।" उनका अंतर्ज्ञान उनके करियर के मार्ग को निर्देशित करने में एक महत्वपूर्ण भूमिका निभाता है, जिससे उन्हें अपने सपनों को पूरा करने में मदद मिलती है।

4. मारिया शारापोवा: ग्रैंड स्लैम चैंपियन, मारिया शारापोवा, अपने अंतर्ज्ञान को सुनने के लिए जानी जाती हैं। उन्होंने कहा, "मुझे लगता है कि जब आप अपने अंतर्ज्ञान का पालन करते हैं, तो आप अपने सर्वश्रेष्ठ प्रदर्शन करते हैं।" उनका अंतर्ज्ञान उनके खेल की रणनीति और टेनिस कोर्ट पर उनके निर्णयों को प्रभावित करता है, जिससे उन्हें जीत हासिल करने में मदद मिलती है।

5. अरुंधति रॉय: बुकर पुरस्कार विजेता, अरुंधति रॉय, अपने लेखन में अपने अंतर्ज्ञान पर भरोसा करती हैं। उन्होंने कहा, "आपको लिखते समय अपने अंतर्ज्ञान पर भरोसा करना होगा। आपको यह जानना होगा कि कब रुकना है और कब आगे बढ़ना है।" उनका अंतर्ज्ञान उनकी लेखन शैली को प्रभावित करता है, जो कच्ची, ईमानदार और गहराई से प्रभावशाली है।

ये कुछ उदाहरण हैं कि कैसे असाधारण व्यक्तियों ने अपने अंतर्ज्ञान को सफलता प्राप्त करने और दुनिया को बदलने के लिए एक मार्गदर्शक शक्ति के रूप में इस्तेमाल किया है। इन प्रेरणादायक कहानियों से हम सीख सकते हैं कि अपने अंतर्ज्ञान को कैसे सुनना और उस पर भरोसा करना है, जिससे हमें अपने जीवन में अधिक सफलता, खुशी और पूर्ति का अनुभव करने में मदद मिल सकती है।

अंतर्ज्ञान की शक्ति को अनदेखा न करें। यह एक अमूल्य संसाधन है जो आपके पास है और इसका उपयोग आपके जीवन को बेहतर बनाने के लिए किया जा सकता है। अपने अंतर्ज्ञान को सुनना, उस पर भरोसा करना और उसका पालन करना आपको अपने जीवन में सही रास्ते पर ले जा सकता है।

www.ingramcontent.com/pod-product-compliance
Lightning Source LLC
LaVergne TN
LVHW020432080526
838202LV00055B/5143
* 9 7 8 8 1 1 9 6 6 9 3 0 1 *